JN206452

【改訂版】

遺言・相続 Q&A

岡山の弁護士が
お答えします！

岡山弁護士会
岡山遺言・相続センター 編

吉備人出版

巻頭言

　我が国の総人口は、平成29年10月1日現在、1億2,671万人であるところ、総人口に占める65歳以上の人口割合（高齢化率）は27.7%となっています。

　このような状況の中、「終活」など遺言・相続に関する関心が高まっています。

　また、昨年は、高齢化の進展など社会環境の変化に対応するため、約40年ぶりに相続法が大きく改正されました。そして、配偶者居住権等を除いた大部分の規定が今年7月1日から施行されています。

　当会は、平成22年11月15日、市民の遺言、相続等の問題を適切に解決することを目的として、「岡山遺言・相続センター」を設置いたしました。

　本書は、同センターの活動等を通じて遺言・相続に関する相談を受けている弁護士が、相談者の方からよく受ける相談内容を選んで、これに答えるという形で執筆した初版を、今回の相続法の改正を踏まえて改訂したものです。

　相続が「争族」とならないように、本改訂版が市民の皆様に遺言・相続を身近なリスクとして認識していただく一助となれば幸いです。

　令和元年7月

岡山弁護士会

会長　小林裕彦

はしがき

　本書の初版は、平成25年11月15日に発刊されました。その後、約40年ぶりに相続法が大きく改正されたため、この改正を反映することを主な目的としての改訂版を発刊することにいたしました。

　岡山弁護士会は、岡山遺言・相続センターを設立し、今年で9年目を迎えます。

　「あまり聞き慣れない」という方もいらっしゃるかもしれませんが、当センターでは遺言・相続に関する無料電話相談を実施しており、1年間で約700件もの相談をいただいております。また、例年11月には一般の方を対象とした遺言・相続に関する講演などを内容とするイベントも行っております。平成30年には改正相続法を内容とする講演や無料法律相談を行い、ご来場いただいた皆様からは「役に立った」などのお声をいただきました。

　改正相続法の改正範囲は多岐に及びます。本書によって改正相続法について、ご理解を深めていただくことで、遺言・相続の場面に直面されたときに少しでもお役に立てれば幸いです。

　もっとも、改正部分につきましては、実際の運用が始まってから新たに解釈等が必要になる場合があり得ますし、現時点では解釈が一義的でないところもあります。そのため、本書は、あくまで現時点で分かる範囲で改正相続法について一般的に解説したものに過ぎません。実際の事件処理・解決に当たっては、ぜひ早い段階で当センターの無料電話相談にご相談いただいたり、身近な弁護士にご相談いただければと考えております。相談に「早すぎるかな」等と迷われる必要はありません。お気軽にご相談下さい。

　最後になりましたが、本書の刊行にあたり、吉備人出版の山川隆之社長に大変お世話になりました。心からお礼を申し上げます。

　令和元年7月

岡山弁護士会　遺言・相続センター運営委員会

委員長　岡 原 洋 介

初版　巻頭言

　日本の総人口は平成24年10月1日現在1億2752万人であるところ、総人口に占める65歳以上の人口割合（高齢化率）は24.1％であり、高齢化率は毎年上昇しています。

　日本は、ほぼ4人に1人が高齢者であり、世界のどの国も経験したことのない高齢社会を迎えております。このような社会情勢の中、「エンディングノート」が話題になるなど、遺言・相続に関する関心が高まっています。

　当会も、平成22年11月15日、市民の遺言、相続等の問題を適切に解決することを目的として、「岡山遺言・相続センター」を設置しました。

　本書は、同センターの活動等を通じて遺言・相続に関する相談を日常的に受けている弁護士が、相談者の方からよく受ける相談内容を抽出し、これに答えるという形で執筆したものです。

　本書が、相続が「争族」とならないように、市民の皆様に遺言・相続を身近なものとして準備していただく一助となれば幸いです。

　平成25年11月

岡山弁護士会

会長　近 藤 幸 夫

初版 はしがき

　岡山弁護士会の岡山遺言・相続センターは、市民の皆様が遺言や相続の問題に関して適切な処理・解決をできるよう、専門的見地からお手伝いさせていただくことを目的として、平成22年11月15日（いい遺言の日）に設立されました。

　設立後、当センターは、次のような業務を行い、市民の皆様から好評を博しているところであります。

①無料電話相談

　基本的に、年末年始を除く、毎週水曜日午前11時から午後2時に実施しています。

　電話番号は086-235-1115（いい遺言）です。

　1人20分以内です。

②遺産整理手続

　相続が開始した後、遺産の調査、遺産分割協議の立会い・遺産分割協議書の作成・預金の解約・遺産の配分まで、当センターが選任した弁護士が関与して行う手続です。（詳細はQA44にあります。）

③講演会・相談会

　年に1回〜数回、無料の講演会や相談会を実施しております。

　また、各種団体からの要請に応じて、講師を派遣しております。

　今般、市民の皆様のお手元に置いていただき、いつでも気軽に遺言や相続に関する法的問題について調べていただけるよう、本書を刊行することになりました。本書は、遺言・相続問題に熱心に取り組んでいる岡山弁護士会所属の弁護士の有志により執筆されたものであります。皆様のお役にたてれば大変嬉しく思います。

　ただ、法律問題の解釈は一義的でないところもあり、本書の記載内容と異なる解釈がありうることも否定できません。そこで、実際の事件の処理・解決に当たっては、岡山遺言・相続センターの無料電話相談にて、または巻末の岡山弁護士会会員名簿記載の弁護士に、ご相談いただければと考えております。

　最後になりましたが、本書の刊行にあたり、吉備人出版の山川隆之社長に大変お世話になりました。心からお礼を申し上げます。

平成25年11月

岡山弁護士会　遺言・相続センター運営委員会

委員長　石　井　克　典

第4章　遺言の方式と遺言事項

第5章　遺言の執行

第6章　遺留分

第7章　遺産分割手続

第8章　配偶者居住権

第9章　相続税

イラスト：ホンマヨウヘイ

相続法改正の概要

相続法改正

Q 相続法が大幅に改正されたと聞きました。相続法改正の概要について教えて下さい。

A 【1】大幅な実質的見直し

　平成30年7月6日、相続に関する制度の見直しを内容とする「民法及び家事事件手続法の一部を改正する法律」（平成30年法律第72号）及び「法務局における遺言書の保管等に関する法律」（平成30年法律第73号）が成立し、同年7月13日に公布されました。

　今回の改正により、相続法の分野について昭和55年に配偶者の法定相続分の引上げや寄与分制度の新設等を内容とする改正（昭和55年法律第51号）が行われて以来の大幅な実質的見直しが行われました。

　今回の改正が行われた背景として、高齢化社会の進展や家族の在り方に関する国民意識が変化していること等、相続を取り巻く社会情勢が変化していることがあげられています。平均寿命の延びにより相続開始時における配偶者の年齢が相対的に高くなっており、高齢の配偶者の生活に配慮する必要性が高まっていることや、生涯未婚率の増加や少子高齢化等により家族の在り方が多様化していく中で、相続人が誰もいないという事例や生前に疎遠であった人が相続人となる事例が増加し、遺言制度の重要性が高まっていくと考えられること等から今回の改正が行われました。

　今回改正された規定は、一部を除き令和元年7月1日から施行されます。自筆証書遺言の方式を緩和する規定は平成31年1月13日から、配偶者居住権及び配偶者短期居住権の新設等に関する規定は令和2年4月1日から施行されます。また、法務局における遺言書の保管等に

関する法律は令和2年7月10日から施行されます。

【2】主な改正項目

　今回の相続法の改正による主な改正項目は、以下の6つです。

	改正項目	概要	本書の解説
1	配偶者の居住権を保護するための規定の新設	相続が開始された時に亡くなった人が所有していた建物に配偶者が居住していた場合に、配偶者の居住権を保護するための規定が新設されました。 **①配偶者居住権の新設**（民法第1028条〜第1036条） 　終身又は一定期間、配偶者が無償で居住することのできる権利（配偶者居住権）を保護する規定が設けられ、配偶者は、遺産分割又は遺言により配偶者居住権を取得することができるようになりました。 **②配偶者短期居住権の新設**（民法第1037条〜第1041条） 　遺産分割が終了する時までといった短期間に限定して、配偶者が無償で居住することができる権利（配偶者短期居住権）を保護する規定が設けられ、要件に該当する配偶者には、手続を経ることなく配偶者短期居住権が認められるようになりました。	第8章 Q 51〜Q 52
2	遺産分割等に関する見直し	**①長期間婚姻している夫婦間で居住用不動産の贈与等が行われた場合に、配偶者を優遇する規定の新設**（民法第903条第4項） 　婚姻期間が20年以上の夫婦間において、居住用不動産が生前に又は遺言により贈与された場合には、遺産の計算上、原則としてその贈与は特別に受けた利益として取り扱わないことになりました。 **②遺産分割前の預貯金の払戻し制度（仮払い制度）の新設**（民法第909条の2） 　葬儀費用の支払等の資金需要に対応できるよう、預貯金の一定割合について、遺産分割が終了する前に、他の共同相続人の同意がなくても単独で払戻しができるようになりました。	第2章 Q 7 第3章 Q 14 第7章 Q 11

	改正項目	概要	本書の解説
2	遺産分割等に関する見直し	**③遺産分割前に遺産に属する財産を処分した場合の遺産の範囲**（民法第906条の2） 　相続開始後に共同相続人の一人が遺産となる財産を処分した場合に、処分した人の取得額が増える等の不公平が生じないようにするため、処分した相続人を除く共同相続人全員の同意によって、処分された財産が遺産として存在するものとして遺産分割を行うことができるようになりました。	第2章Q7 第3章Q14 第7章Q11
3	遺言制度に関する見直し	**①自筆証書遺言の方式の緩和**（民法第968条） 　自筆により作成する遺言（自筆証書遺言）については、全文を自書する必要がありましたが、特に財産が多数ある場合、全文の自署は相当な負担になるため、自書によらない財産目録の添付が認められるようになりました。 　例えば、パソコン等により作成した財産目録を添付することが認められるようになりました。 **②遺言執行者の権限等の明確化**（民法第1007条、同第1012条〜第1016条） 　遺言の内容を実現する遺言執行者について、法律上必ずしも明確でなかった権限、義務及び法的地位等を明確にする規定が設けられました。 **③法務局における自筆証書遺言の保管制度の新設**（法務局における遺言書の保管等に関する法律） 　公的機関における保管制度のなかった自筆証書遺言について、法務局で保管する制度が設けられ、遺言書の紛失や隠匿等の防止が図られるようになりました。	第4章Q24 第5章Q31 第6章Q24

	改正項目	概要	本書の解説
4	遺留分制度に関する見直し	**遺留分減殺請求の効果の見直し**（民法第1042条～第1049条） 　遺言や贈与により遺留分を侵害された人が、遺留分減殺請求を行った場合に生じる効果について見直しが行われました。 　改正前は、例えば、不動産が遺留分減殺請求の対象となる場合は、その不動産について遺留分減殺請求をした人と請求された人との共有関係が生じると考えられていました。しかし、事業のための不動産や株式が遺留分減殺請求の対象となる場合は、複雑な共有状態となることにより事業承継の支障になっているという指摘がありました。そのため、遺留分減殺請求の効果を見直し、改正後は、遺留分侵害額に相当する金銭の支払を請求することができる権利のみが生じることになりました。	第6章
5	相続の効力等に関する見直し	**相続により取得した財産の対抗要件についての規定の新設**（民法第899条の2） 　相続させる旨の遺言等によって財産を取得したことを、第三者に対抗するための規律の見直しが行われました。 　改正前は、相続させる旨の遺言によって財産を取得した場合は、登記がなくても相続債権者等の第三者に対抗できると考えられていました。しかし、遺言の有無や内容は外部からは分からないため、改正後は、法定相続分を超える部分については、登記等の対抗要件を備えなければ第三者に対抗できないものとされました。	第7章Q45
6	相続人以外の者の貢献を考慮するための規定の新設	**特別寄与料の請求権の新設**（民法第1050条） 　亡くなった人に対して無償で療養看護等をしていた相続人以外の親族が、相続人に対して、貢献の程度に応じた額の金銭（特別寄与料）の支払を請求することができる規定が設けられました。	第3章Q20

第1章

相続人と相続分

1 相続人の範囲

Q 相続人となることができるのはどのような人なのでしょうか？

A 【1】配偶者について

亡くなった人のことを「被相続人」、財産等を相続する人のことを「相続人」といいます。

被相続人に近い関係にある者としては、配偶者と血族（親、兄弟姉妹、子など）が考えられますが、このうち配偶者については常に相続人となると定められています。したがって、例えば夫が亡くなれば、妻は常に相続人ということになります。

【2】血族について

血族については、子、親、兄弟姉妹の順に相続人となります。

①被相続人に親、兄弟姉妹、子のいずれもがいる、ということもあるでしょう。この場合、全員が相続人となれるわけではありません。相続人となる順位は法律で定められており、上の順位の者がいる場合には、その者のみが相続人となります。

②第1順位とされているのは子です。ここでいう子には、実の子だけでなく養子も含まれます。

また、夫が亡くなる前に子が亡くなっていたような場合でも、子の子、つまり孫がいる場合には、その孫が相続人となり、親、兄弟姉妹は相続人となりません（詳しくはQ2、Q5を参照してください）。

③第2順位とされているのは「直系尊属」です。直系尊属とは、祖父母や父母などのように、血縁関係が縦につながっている者をいいま

す。養親は含まれますが、配偶者の父母は含まれません。

　直系尊属のなかでは、親等の近い者が優先されます。したがって、父母のいずれかが存命であれば、祖父母は相続人となりません。両親共に亡くなっているが、祖父母のいずれかが健在である場合、その祖父母と妻が相続人となり、兄弟姉妹は相続人となりません。

④兄弟姉妹は、先順位者である子、直系尊属ともに存しない場合にはじめて相続人となります。

　兄弟姉妹には、父母の一方のみが同じ者も含まれますが、その相続分については、父母の両方を同じくする兄弟と違いがあります（Q4を参照してください）。

⑤なお、先順位者がいない場合とは、そもそも存在しない場合や亡くなっている場合だけではなく、相続放棄がなされた場合（Q5、6を参照してください）なども含みます。

　例えば、子の全員が相続放棄をすると、次順位の直系尊属が相続人となります。

以上の内容を図にすると、次のようになります。

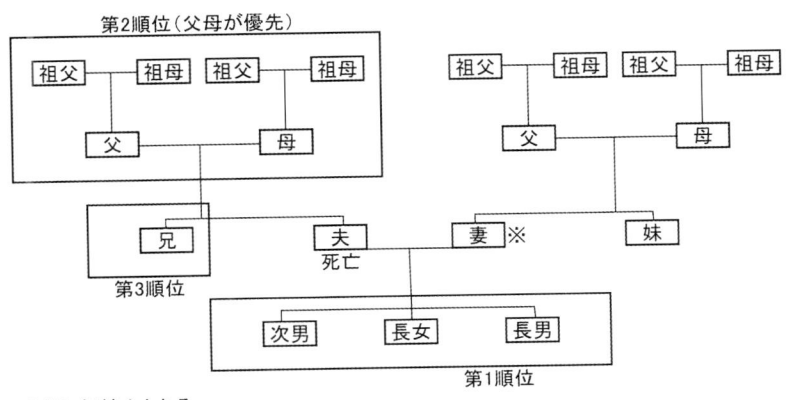

※常に相続人となる

【関連法規】民法第726条第1項、同第727条、同第887条〜第893条、同第900条第4号

2 様々なケースにおける相続人該当性

Q どのような人が相続人となるかはわかりましたが、以下のような場合はどうなるのでしょうか。

①内縁配偶者、事実婚パートナーの場合

②子が出生前の胎児である場合

③子が親より先に死亡していた場合

④実際には他人の子であるのに、実子として出生届を出している場合

A 【1】内縁配偶者、事実婚パートナーの場合

内縁とは、婚姻届を提出していないものの、男女が婚姻の意思をもって実際に夫婦生活を営んでいる関係をいいます。これと似たものとして、近時は事実婚という言葉が使われることがあります。内縁と全く同じ意味で使われることもあれば、内縁のうち特に当事者が意図的な選択によって婚姻届を提出しない場合を意味することもあります。

内縁・事実婚ともに、相続の場面では法律上の夫婦と明確に区別され、内縁配偶者・事実婚パートナーは相続人にはなりません。

（細かい理屈は省略しますが）内縁配偶者も、婚姻届を提出していないだけで、法律上の配偶者と区別する必要はないとして、相続人となることを実質的に認めようという見解もありますが、最高裁判所は、このような見解を明確に否定しています。

ただし、被相続人（お亡くなりになった人）に相続人が一切いない場合で、内縁配偶者・事実婚パートナーが被相続人と生計を同じにしていたような場合には、特別縁故者として相続財産の分与を受けられ

る可能性があります。

【2】子が出生前の胎児である場合

　民法は、胎児は相続について「既に生まれたものとみなす」と規定し、「胎児が死体で生まれたときは」はじめから相続人とならなかったものとして処理しています。

　「既に生まれたものとみなす」といっても、実際に生まれていない胎児が相続人となって遺産を受け取ることはできません。判例実務上は、生きて生まれた場合に相続時にさかのぼって相続人の権利を認め、遺産分割もそのときまで待つという扱いになっています。この場合、生まれたばかりの子は、他の相続人との話し合いなどできませんので、親族や弁護士等が子の代理人となって話し合いに参加することになります。

【3】子が親より先に死亡していた場合

　被相続人である親が死亡した場合に、相続人となるべき子が親より先に死亡していたら、その子は親の相続人となることはできません。

　しかし、その子に子（親からみた孫）がいた場合、その孫が親（孫からみた祖父母）の相続人となることができます。これを「代襲相続」といいます。

　ただし、子が親の養子で、孫が養子縁組前に生まれていた場合には、代襲相続は発生せず、孫は相続人となれません。

　また、被相続人より先に、子及び孫が死亡し、ひ孫がいる場合は、ひ孫が相続人となります。これを、再代襲といいます。

　代襲相続は、子が先に死亡していた場合だけではなく、兄弟姉妹が法定相続人となるケースで、その兄弟姉妹が被相続人より先に死亡していた場合にも発生し、兄弟姉妹の子が相続人となります。ただし、このケースでは、再代襲は認められません。

【4】実際には他人の子であるのに、実子として出生届を出している場合

　実際には他人の子であるのに、養子縁組の届出をせず、自分の実子

として出生届を提出することがごくまれにあります。「藁の上からの養子」と呼ばれるものです。このような出生届は、虚偽の内容を含むものであり、出生届としては無効です。

　この点については、実質的には養子縁組とすべき事案であるので、実子としての出生届に養子縁組届としての効力を認めるべきという見解もありますが、最高裁判所はこれを否定し、親子関係は（養親子関係も含めて）認められないとしています。つまり、原則として、藁の上からの養子は相続人ではありません。

　ただし、長期間にわたって親子としての生活実体が存続していたような場合には、このような結論が不当となる場合もあります。

　最高裁判所も、近時、藁の上からの養子であるXが約55年間にわたって実子として生活してきた場合に、他の相続人Yが、Xと両親との間の親子関係が不存在であると主張することは権利の濫用にあたり許されないとする判断を下しています。つまり、この事案においては、藁の上からの養子が相続人になったのと同じ結論になります。ただし、単に長期間実子として生活しただけでは足りず、様々な具体的事情（他の相続人が親子関係の不存在を主張する動機、藁の上からの養子が受ける不利益など）を考慮した上での判断ですので、一般化できるものではありません。

【関連法規】民法第958条の3、同第886条、同第887条第3項、同第889条第2項、同第887条第2項
【関連判例】最決平12・3・10民集54巻3号1040頁、最判昭50・4・8民集42巻9号401頁、最決平18・7・7民集60巻6号2307頁

3 相続人とならない場合

Q 親に対し、長年にわたって暴力をふるってきた息子でも、親の遺産を相続することができるのでしょうか。法律上、相続人となる者であれば、どのような場合でも相続することができるのですか。

A 【1】はじめに

相続が開始した場合に相続人となるべき者（推定相続人）であれば、どのような場合でも被相続人の遺産を相続できるわけではありません。推定相続人は、相続放棄の場合又は相続欠格・廃除の場合、相続資格を失います。本問では推定相続人の意思に反して相続資格を失う場合が問題となりますので、以下、相続欠格・廃除について説明します。

【2】相続欠格

（1）相続欠格とは、推定相続人が欠格事由に該当する場合に被相続人の意思を問うことなく法律上当然に相続資格を失う制度です。

（2）民法は以下の5つの欠格事由を定めています。

① 「故意に被相続人又は相続について先順位若しくは同順位にある者を死亡するに至らせ、又は至らせようとしたために、刑に処せられた者」

② 「被相続人の殺害されたことを知って、これを告発せず、又は告訴しなかった者。ただし、その者に是非の弁別がないとき、又は殺害者が自己の配偶者若しくは直系血族であったときは、この限りでない。」

③ 「詐欺又は強迫によって、被相続人が相続に関する遺言をし、撤回

し、取り消し、又は変更することを妨げた者」

④「詐欺又は強迫によって、被相続人に相続に関する遺言をさせ、撤回させ、取り消させ、又は変更させた者」

⑤「相続に関する被相続人の遺言書を偽造し、変造し、破棄し、又は隠匿した者」

（3）推定相続人が欠格事由に該当する場合、家庭裁判所の審判を要することなく、法律上当然に相続資格を失います。この場合、受遺者の資格も失います。欠格の効果は、特定の被相続人と欠格者との間で相対的に発生するにすぎないと解されます。

【3】廃除

（1）廃除とは、遺留分を有する推定相続人が廃除事由に該当する場合に被相続人の意思に基づいて相続資格を失う制度です。

（2）民法は以下の2つの廃除事由を定めています。

①「被相続人に対して虐待をし、若しくはこれに重大な侮辱を加えたとき」

②「その他の著しい非行があったとき」

　　上記廃除事由に該当するためには、一般的に、被相続人と遺留分を有する推定相続人との関係において、人間関係や信頼関係（相続的協同関係）を破壊する程度の客観的に重大な行為であることが必要であると解されています。

（3）被相続人は、生存中に、その住所地の家庭裁判所に対し、推定相続人の廃除の審判を申し立てることができます（生前廃除）。また、被相続人が遺言で推定相続人を廃除する意思表示をしたときは、遺言執行者は遺言が効力を生じた後、遅滞なく、相続開始地の家庭裁判所に対し、推定相続人の廃除の審判を申し立てなければなりません（遺言廃除）。なお、旧法（家事審判法）は、廃除及び後述の廃除取消しをいずれも調停をすることができる事件としていましたが、家事事件手続法は、いずれも調停をすることができない事項について

の審判事件としました。

（４）廃除の審判の確定によって、被廃除者は法律上当然に相続資格を失います。もっとも、この場合、受遺者の資格は失いません。廃除の効果は、廃除者と被廃除者との間で相対的に発生するにすぎないと解されます。廃除の審判の確定後、原則として申立人は、被廃除者の本籍地又は届出人の所在地の市区町村に推定相続人廃除届をしなければなりません。

（５）被相続人は、いつでも、その住所地の家庭裁判所に対し、廃除取消しの審判を申し立てることができます。被相続人が遺言で廃除取消しの意思表示をしたときは、遺言執行者は遺言が効力を生じた後、遅滞なく、相続開始地の家庭裁判所に対し、廃除取消しの審判を申し立てなければなりません。

【４】本問の検討

（１）まず、本問では、「親に対し、長年にわたって暴力をふるってきた」という内容からすれば、親を殺害する等したために実刑に処せられたという事情まではないものと思われますので、欠格事由に該当せず、相続欠格は認められないと考えます。

（２）次に、廃除事由に該当するかが問題となります。被相続人に対する暴力について廃除事由に該当するとした裁判例には、推定相続人が暴力を断続的に繰り返していたこと、推定相続人が被相続人に無断でその多額の郵便貯金の払い戻しを受け現時点で返済する意思がないこと、暴力をやめた後も被相続人の精神障害ないし人格障害をいう主張ないし行動を続けていること等から、推定相続人は、被相続人に虐待をし、重大な侮辱を加えたほか、著しい非行に及んだものであるといえ、これにより、被相続人と推定相続人の相続的協同関係は破壊されたものといわざるを得ないから、廃除するのが相当であるとしたもの等があります。他方で、廃除事由に該当しないとした裁判例には、被相続人が受けた暴行・傷害・苦痛は、相続人だけ

に非があるとはいえず、被相続人にもかなりの責任があるから、その内容・程度と前後の事情を総合すれば、いまだ相続人の相続権を奪うことを正当視する程度に重大なものと評価するに至らず、廃除事由に該当するものとは認められないとしたもの等があります。以上によれば、長年にわたる暴力であったとしても、そのことから直ちに廃除事由に該当するものとは認められず、暴力に至った原因、暴力を加えた期間の長さ、暴力の内容・程度、暴力以外の事情等を考慮し、被相続人と推定相続人の相続的協同関係を破壊する程度の客観的に重大な行為といえるかを検討し、廃除事由に該当するか否かを判断することになると考えます。

【関連法規】民法第887条、同第891条、同第892条、同第893条、同第894条、同第895条、同第915条、同第965条、同第1028条、同第1044条、家事事件手続法第188条、家事事件手続規則第100条、戸籍法第25条、同第63条、同第97条
【関連判例】仙台高決昭32・2・1家月9巻3号23頁、京都家審昭36・11・24家月14巻11号122頁、秋田家大館支審昭43・4・23家月20巻10号84頁・判夕237号335頁、名古屋高金沢支決平2・5・16家月42巻11号37頁、東京高決平8・9・2家月49巻2号153頁、和歌山家審平16・11・30家月58巻6号57頁　　等

4 　法定相続分（相続の割合）

Q 法律によって相続の割合が定められていると聞いています。
日本では、どのように定められているのか、教えてください。

A 日本では、民法という法律において、相続人が誰であるかによって、原則として次のとおり相続の割合が定められています。これを法定相続分といい、遺言が存在しない場合は、法定相続分によります。

【1】配偶者と直系尊属（子・孫など）の場合

配偶者が2分の1の割合、子が2分の1の割合となり、直系尊属及び兄弟姉妹には法定相続分はありません。

子が複数いる場合は、子の2分の1を子の人数で頭割りすることになります。なお、非嫡出子については、平成25年に最高裁判所の判断があり、法改正されました。詳細はQA5【2】をご参照ください。

代襲相続については、QA2【3】に記載のとおりですが、代襲相続人（孫など）が複数いる場合は、被代襲者（子など）の相続分を代襲相続人（孫など）の人数で頭割りすることになります。

【2】配偶者と直系尊属（父母、祖父母など）の場合

配偶者が3分の2の割合、直系尊属が3分の1の割合となり、兄弟姉妹には法定相続分はありません。

直系尊属が複数いる場合は、直系尊属の3分の1を直系尊属の人数で頭割りすることになります。

【3】配偶者と兄弟姉妹の場合

配偶者が4分の3の割合、兄弟姉妹が4分の1の割合となります。

兄弟姉妹が複数いる場合は、兄弟姉妹の4分の1を兄弟姉妹の人数

で頭割りすることになります。但し、父母の一方だけを同じくする半血の兄弟姉妹の相続分は、父母の双方を同じくする全血兄弟姉妹の相続分の2分の1になります。

　代襲相続については、QA2【3】に記載のとおりですが、代襲相続人（甥・姪）が複数いる場合は、被代襲者（兄弟姉妹）の相続分を代襲相続人（甥・姪）の人数で頭割りすることになります。

【4】配偶者のみの場合

　配偶者が全部を相続します。

【5】配偶者がなく、子、直系尊属または兄弟姉妹だけの場合

　複数であれば、相続人となる者らの頭割りとなります。

　以上を表にまとめると、次のようになります。

法定相続人	配偶者	子・孫など	親・祖父母など	兄弟姉妹・甥・姪
法定相続分	○1/2	○1/2	○無	○無
	○2/3	×	○1/3	○無
	○3/4	×	×	○1/4
	○全部	×	×	×
	×	○全部	○無	○無
	×	×	○全部	○無
	×	×	×	○全部

※○＝存在する　×＝存在しない

【関連法規】民法第900条、同第901条

5 養子・非摘出子・相続放棄の場合の相続分

Q 次の場合、法律上、相続の割合はどうなるのでしょうか。
1 養子の場合
2 非嫡出子（法律上の婚姻関係にない男女間の子）の場合
3 相続放棄が行われた場合

A 【1】養子の場合

①父親の死亡後、母親が死亡し、実子2名と養子2名がいる場合

子4名の法定相続分は、それぞれ4分の1となります。

養子の法定相続分（相続の割合）は、実子と同じです。

②普通養子が配偶者も子もなく死亡し、実母と養父母がいる場合

実母と養父と養母の法定相続分は、それぞれ3分の1となります。

普通養子縁組（一般的な養子縁組）の場合、養親との親子関係が生じますが、実親との親子関係が消滅する訳ではありません。

③特別養子が配偶者も子もなく死亡し、実母と養父母がいる場合

養父と養母の法定相続分は、それぞれ2分の1となります。

特別養子縁組をすると、実親との親子関係が終了します。従って、特別養子の場合、実母は、相続人ではありません。

【税金豆知識】

相続税の基礎控除額、生命保険金の非課税限度額、死亡退職金の非課税限度額、相続税の総額の計算を行う場合、法定相続人の数を基に計算を行いますが、この相続人の数に含める養子の数は次のとおり制限されています。

①被相続人に実子がいる場合　　　一人まで

②被相続人に実子がいない場合　　　　二人まで

　但し、特別養子、配偶者の実子で養子縁組した子、及び、配偶者の特別養子で養子縁組した子の場合は、上記計算では実子と扱われます。

【2】非嫡出子（法律上の婚姻関係にない男女間の子）の場合

①母親の次に父親が死亡して、嫡出子２人、非嫡出子１人がいる場合

ア　父親が平成25年９月５日以降に死亡した場合、法定相続分は、それぞれ３分の１となります。

イ　非嫡出子の相続分は、嫡出子の相続分の２分の１と規定されていました（民法900条４号但書前段）。しかし、平成25年９月４日に最高裁判所は、この民法の規定について不平等で憲法に違反すると判断しました。これを受けて、同年12月５日に民法の一部を改正する法律が成立し、この規定が削除され、嫡出子と非嫡出子の相続分は同等となりました。改正後の規定は、平成25年９月５日以後に開始した相続について適用することとされました。

ウ　ただ、上記の最高裁判所の判断においては、上記民法の規定が遅くとも平成13年７月当時には憲法違反であったとしつつも、この最高裁判所の判断は、同月から平成25年９月４日までの間に開始された相続について、遺産分割の審判等により確定的なものとなった法律関係には影響を及ぼさないとしています。

　　他方、平成13年７月１日から平成25年９月４日までの間に開始した相続について、同月５日以後に遺産の分割をする場合には、最高裁判所の憲法違反の判断に従い、嫡出子と非嫡出子の相続分は同等のものとして扱われることになります。

②非嫡出子が配偶者も子もなく死亡し、実父母がいる場合

　実父、実母の法定相続分は、それぞれ２分の１となります。

　非嫡出子であることは、影響しません。

【3】相続放棄が行われた場合

　相続を放棄すると、その相続に関しては、初めから相続人とならな

かったものとみなされます。

　なお、相続放棄は、相続開始前の死亡ではありませんので、放棄をした人の子に代襲相続は生じません。

　配偶者と子と子の代襲相続人の全員が相続放棄をした場合、直系尊属が相続人となります。

　次に、直系尊属が相続放棄をすると、兄弟姉妹が相続人となります。

　次に、兄弟姉妹が相続放棄をすると、相続人不存在となります。

　相続人のあることが明らかでないときは、相続財産は法人とされ、利害関係人の請求によって家庭裁判所が相続財産管理人を選任します。

【関連法規】民法第900条、同第939条、同第951条、同第952条、相続税法第15条第2項、同第3項

6 相続放棄

Q ①相続放棄の方法を教えてください。
②私が受取人になっている生命保険があるのですが、相続放棄をしたら、受け取ることができなくなるのでしょうか？
③受け取ったら相続放棄できなくなるものと、相続放棄をしても受け取れるものを教えてください。

A 【1】相続放棄の方法

①被相続人が亡くなると、直ちに相続（相続による権利義務の承継）が開始します。ただ、相続では、プラスの財産（不動産や預貯金など）だけでなく、マイナス財産（借金など）も相続してしまうため、たとえば、被相続人が多額の借金を残している場合など、相続人は相続したくないと考えるかもしれません。そのような場合に、相続人が、相続するのか（単純承認）、一切相続しないのか（相続放棄）、限定的な範囲で相続するのか（限定承認）、選択できるようになっています。相続放棄とは、上記のうち、相続人が被相続人の財産の一切を相続しないことを言います。相続放棄をすると、初めから相続人にならなかったものとみなされます。

②相続放棄をするには、被相続人が最後に住んでいた住所地を管轄する家庭裁判所に相続放棄をすることを申し出なければなりません（「申述」と言います）。相続人間の話合いの中で、「私は何も相続しなくていい。」「私は相続を放棄する。」などと言っても、それは民法上の「相続放棄」とはなりません。

相続放棄の申述書には収入印紙を貼り、申述書とともに、戸籍謄本や郵便切手等を家庭裁判所に提出します。

相続放棄の申述の期間は、「自己のために相続の開始があったことを知った時」から３カ月以内とされています（これを「熟慮期間」と言います）。なお、相続人が相続放棄をする前に死亡した場合、相続人の相続人に放棄の権利が承継されますが、この場合は後の相続人が自己のために相続開始を知ったときから起算されます。また、相続人が未成年者の場合は法定相続人（たとえば、親権者である父母）が相続放棄の手続をしますが、この場合は法定代理人が未成年者のために相続開始を知ったときから、熟慮期間は起算されます。

　この熟慮期間は、相続人や利害関係人が、被相続人の財産状況を調査し、相続するのか、相続放棄をするのか、限定承認をするのかについて、調査・熟慮するための期間です。被相続人の財産状況の調査等のため、利害関係人等は、熟慮期間の延長を家庭裁判所に請求することができます。

③熟慮期間を過ぎると相続放棄が認められないことから、熟慮期間の起算点が問題になることがあります。この点につき、最高裁判例は、相続人が３カ月以内に相続放棄等をしなかったことにつき、相続財産が全く存在しないと信じたためであり、かつ、被相続人の生活歴、被相続人と相続人の間の交際状態その他諸般の状況からみて当該相続に対し相続財産の調査を期待することが著しく困難な事情があって、相続人においてそのように信ずることに相当な理由があると認められるときには、熟慮期間は、相続人が相続財産の全部又は一部の存在を認識した時又は通常これを認識しうべかりし時から起算すべきものと解するのが相当としています。

④なお、相続開始があったことを知ってから３カ月以内であっても、相続人が相続財産の全部又は一部を処分したとき（ただし、相続財産を保存するための行為等の例外あり）は、単純承認といって、無限に被相続人の権利義務を承継するとみなされてしまい、相続放棄ができなくなることがあります。

また、上記３カ月以内に相続放棄の手続をした後であっても、相続人が相続財産の全部あるいは一部を、隠したり、秘かに費消したり、悪意で財産目録に記載しなかったときには、単純承認をしたものとみなされ、相続放棄は認められません。

⑤一度相続放棄をすると、たとえ熟慮期間内であっても、撤回することはできません。ただし、騙されたり錯誤により相続放棄をした場合など、例外的に相続放棄の取消しや無効が認められる場合があります。

【２】生命保険の受取り

　相続放棄をした場合に保険金を受領できるかどうかは、生命保険金が相続財産にあたるかどうかによります。

　生命保険金の受取人が相続人の中の特定の者に指定されている場合、その生命保険金は、相続財産にはあたりません。この場合、当該特定の相続人が保険金を受け取るのは、相続によるのではなく、保険契約によると考えられるからです。また、生命保険金の受取人が「相続人」と抽象的に指定されている場合、一見、相続により保険金受領の権利が発生するように思えますが、この場合も保険金は相続財産にはあたりません。したがって、これらの場合には、相続放棄をしていても、相続人は保険金を受け取ることは可能です。

　これに対し、生命保険金の受取人が、被相続人自身の場合には、当該保険金は相続財産となるため、相続放棄をしている場合には、保険金を受け取ることはできません。また、保険金を受領した後は、単純承認をしたものとみなされますので、その後、相続放棄ができなくなります。

【３】相続放棄をしても受け取ることができるもの

　前述のとおり、熟慮期間内であっても、相続人が相続財産の全部又は一部を処分したときは、単純承認したものとみなされ、相続放棄はできなくなります。相続財産の中から何らかの物を受け取った場合、そ

れが「相続財産の処分」にあたれば、相続放棄ができなくなります。

　「相続財産の処分」にあたらないものとしては、さきほどの受取人が相続人と指定されている場合などの生命保険金の受領のほか、遺族年金の受領などがあります。これらは、そもそも相続財産にはなりませんが、死亡退職金については争いがあるところです（Ｑ8参照）。

　また、被相続人の形見の物の受領、葬儀費用を相続財産の中から支出することも、「相続財産の処分」にあたらないと考えられます。ただし、これらは、いずれも相当な範囲での受領に限られますので、形見分けの範囲を超えて著しく高価な物を受領したり、不相当に豪華な葬儀をした場合の葬儀費用を相続財産から支出した場合には、「相続財産の処分」にあたり、相続放棄が認められない場合があります。

　これに対し、被相続人が受取人の生命保険金の受領や、被相続人が有していた債権の取立て及び受領は、相続財産の処分にあたるため、相続放棄ができなくなる可能性があります。また、受領行為に限らず、相続債務の弁済、相続財産である不動産の売却等も、「相続財産の処分」にあたり、単純承認をしたものとみなされますので、相続放棄ができなくなります。

【関連法規】　民法第915条〜第918条、同第921条、同第938条〜第939条
【関連判例】　最判昭59・4・27民集38巻6号689頁・判時1116号29頁

遺産の範囲と評価

7 相続財産①（預貯金）

Q ひとり暮らしの父が急病で入院となり、そのまま亡くなってしまいました。葬儀まで済ませて一段落がついたところなのですが、入院費用や葬儀費用を支払うために父名義の預貯金を解約したいと考えています。どのように進めればよいでしょうか。

A 【1】 平成28年の最高裁判決による影響について
①平成28年に最高裁判所が判例を変更するまでの状況

　平成28年に最高裁判所が判例を変更する以前は、預貯金は、被相続人の死亡と同時に、相続人らに当然に分割されて相続されるため、遺産分割の対象にはならず、理論的には、各相続人の法定相続分の範囲内で解約・払戻しが可能であると考えられていました。

　しかし、相続人かどうかや法定相続分の割合を把握することは困難であり、相続人間で揉めている場合もあるため、これまで金融機関は、自己責任で払い戻しに応じるか、被相続人の死亡が分かると、預貯金口座などを凍結して払戻しを停止するという取扱いを行っていました。そのため、相続人が被相続人名義の預貯金口座を解約するには、金融機関所定の手続書類に署名と実印による捺印を相続人全員に行ってもらい、全員の印鑑証明書を添付して、金融機関に提出しなければならない場合がほとんどでした。

　これでは、相続人間に争いがあったり、相続人の中に生死や所在不明の方がいたりする場合などでは、預貯金の払戻しにかなりの時間がかかることになり、遺族が、被相続人の治療費や葬儀費用の支払いといった当面の費用の支払いに苦慮することになってしまいます。

そこで、判例が変更される以前は、相続人が、自らが相続した法定相続分の範囲で預貯金の支払いを求めて金融機関を提訴し、判決を得て支払いを受けるという方法も利用されていたところです。

②最高裁判所による判例の変更

　ところが、最高裁判所が平成28年に判例を変更し、預貯金も、被相続人の死亡により各相続人らに当然に分割されて相続されるわけではなく、遺産分割の対象となると判断したため、預貯金の払戻しを行うには長い時間をかけてでも遺産分割を経るほかなくなってしまいました。

　遺産分割の場面では、通常は、預貯金も含めた全ての相続財産を考慮して分割方法を考える場合が多いでしょうから、これに沿った上述の最高裁判所の判断は自然なものではあります。ただ、相続人間に争いがある場合、遺産分割を調停や審判で最終的に解決するまでには何年もかかることがあり、遺産分割が終了するまで預貯金を解約して払い戻すことができないとなると、相続の際の当座の資金需要に対応できません。

　そこで、この度の民法改正により、この問題に対応するための制度が創設されました。

【２】民法の改正などによる対応について

①利用しやすい仮処分手続の創設

　まず、上述のとおり、これまでの仮処分手続は利用が困難なものであったため、家事事件手続法において、より利用しやすい手続が創設されました。具体的には、「①遺産分割の審判や調停の申立てがあった場合に、②相続財産に属する債務の弁済や相続人の生活費の支払いなどのために、審判や調停などを申し立てた相続人やその相手方が、遺産に属する預貯金を払い戻す必要がある場合は、③裁判所への申立てにより、遺産に属する預貯金を、（共同相続人の利益を侵害しない範囲で）その者が仮に取得することができる。」というものです。

この手続により、遺産分割の調停や審判が成立する前の段階で、相続人が預貯金の一部を仮に取得して、被相続人の死去前の治療費などの支払いを行うことができるようになります。ただ、どのような場合にどの程度の預貯金の取得が認められるかは裁判所の判断となり、また、遺産分割の審判や調停の申立てを行っていなければ利用できません。

②仮処分によらない預貯金の払戻し方法の創設

　上述の手続は、遺産分割の審判や調停の申立てを行った上で、さらに仮処分の申立てを行って裁判所の判断を得なければならず、必ずしも手続が簡単ではないため、この制度だけでは相続開始直後の資金の必要性に十分に対応できるとはいえません。

　そこで、この度の改正により、各相続人が、遺産である各預貯金口座ごとに、相続開始時の預貯金額の3分の1に当該相続人の法定相続分を乗じた額の範囲内で、各金融機関ごとに法務省令で定められた金額（当面150万円）を上限として、家庭裁判所などの手続を経なくても、単独で払戻しを受けられるという制度が創設されました。

　例えば、相続人が子2人だけの場合で、被相続人が1カ所の金融機関に600万円の普通預金と900万円の定期預金を保有していた場合、払戻しを受けられる金額は、まず各口座ごとに法定相続分（子2人の場合は各自2分の1）の3分の1を計算し（普通預金100万円、定期預金150万円で合計250万円となります）、金融機関ごとに150万円が限度ですので、このように150万円を超える場合は、150万円の払戻しが受けられるということになります。

　この制度の創設により、限られた金額ではありますが、迅速に預貯金の払い戻しを受け、被相続人の生前の治療費や葬儀費用の支払いなどに充てることができるようになったことになります。この払戻しにおいては、上述の仮処分と異なり使用目的などは問題となりません。

　なお、この制度によって相続人が払戻しを行った場合、その相続人

は遺産の一部の分割により払戻した部分を取得したものとみなすとされています（後になって他の相続人のために払戻しを受けて支払ったなどの主張はできないということです）。

③遺産の一部分割

　また、この度の民法改正により、遺産の一部分割が明文の規定として創設されたため、相続人は、遺産の一部分割を活用しやすくなり、裁判所に対しても審判や調停を申し立てやすくなりました。これにより、全部の遺産の分割には時間がかかることが想定される場合でも、遺産の一部分割という形で預貯金についてのみ先行して遺産分割を成立させ、払戻しを受けることが可能になります。

【関連法規】　民法第907条、同第909条の2、家事事件手続法第200条第2項、同第3項、
【関連判例】　最決平28・12・19民集70巻8号2121頁・判時2333号68頁、最判平29・4・6集民255号129頁、判時2337号34頁、最判平16・4・20集民214号13頁判時1859号61頁

8 相続財産②（生命保険金・死亡退職金など）

Q 1）父は、生前に私を保険金の受取人とする生命保険契約を締結していました。このたび、父が亡くなり、保険会社から保険金が支払われることになりました。

①この生命保険金も、父の相続財産に含まれるのでしょうか。私が保険金全額を受け取った場合、遺産分割に何か影響はありますか。

②保険金の受取人が「相続人」とされていた場合はどうなるのでしょうか。

2）父の勤めていた会社では、労働者が死亡した場合には死亡退職金を支払うとの退職金支給規程があります。この死亡退職金も父の相続財産に含まれるのでしょうか。

3）このたび、私が喪主として父の葬儀を執り行ったところ、多数の参列者の方から香典を頂きました。これも父の相続財産に含まれるのでしょうか。

4）お墓、位牌、家系図、仏壇も相続財産に含まれるのでしょうか。

5）実は、父は飲酒運転をしていた自動車に跳ねられて亡くなりました（即死だったようです）。このことによって発生する父の自動車の運転者に対する損害賠償請求権は、相続財産に含まれるのでしょうか。

A 【1】 生命保険金と相続

①生命保険金が相続財産に含まれるか否かは、保険金受取人としてどのような指定がなされているかにより結論が異なります。

受取人が被相続人自身であった場合、観念的には生命保険金はい

ったん被相続人帰属すると考えられるため、相続財産に含まれることになります。これに対し、受取人が「相続人」と指定されていたり、相続人のうち特定の者と指定されていたりした場合、生命保険金は相続財産とはならず、受取人の固有の財産となるとされています。

　本件ではあなたが受取人として指定されていたのですから、生命保険金は相続財産には含まれません。

　あなたは、相続によってではなく、保険契約による固有の権利として保険金請求権を取得することになります。

　それでは生命保険金を取得したあなたと他の相続人との関係はどうなるのでしょうか。遺産分割にあたり相続人による生命保険金の取得という事情が考慮されるか否かが問題となります。

　これは、生命保険金が特別受益となるか否かという問題です。

　仮に特別受益とされるのであれば、これを相続分の前渡しとみて、計算上この生命保険金を相続財産に加算して相続分を算定することになります（特別受益については、Q12〜14の解説をご参照下さい）。

　この点については、生命保険金は、原則として特別受益とはならないとされています。

　したがって、原則として、生命保険金を取得したからといって、遺産分割において、あなたの相続分が減らされるわけではありません。

　もっとも、保険金受取人である相続人とその他の共同相続人との間に生ずる不公平が到底是認することができないほど著しいものであると評価すべき特段の事情が存する場合には、特別受益に準じて処理すべきとされています。

　具体的には、保険金の額、この額の遺産の総額に対する比率のほか、同居の有無、被相続人の介護等に対する貢献の度合いなどの保険金受取人である相続人及び他の共同相続人と被相続人との関係、各相続人の生活実態等の諸般の事情を考慮して判断されます。

個々の事案によって結論が異なることになります。

　あくまでも他の事情にもよりますが、生命保険金の額が相続財産の総額に匹敵する程の額であった場合は、著しい不公平な状態であると評価されやすいといえるでしょう。

②保険金の受取人が「相続人」とされていた場合も同様です。

　判例では、「被保険者死亡の場合の受取人を特定人の氏名を挙げることなく抽象的に指定している場合でも、保険契約者の意思を合理的に推測して、保険事故発生の時において被指定者を特定し得る以上、右の如き指定も有効であり、特段の事情のないかぎり、右指定は、被保険者死亡の時における、すなわち保険金請求権発生当時の相続人たるべき者個人を受取人として特に指定した」ものと解するのが相当とされています。

　したがって、この場合でも、生命保険金は相続財産には含まれません。

　なお、相続人が複数いる場合の各相続人が保険金を受け取る割合については、各相続人が平等に取得するという説もありますが、判例は、原則として、法定相続分の割合による分配とする見解に立っています。

【2】死亡退職金

　死亡退職金は、お亡くなりになった方への賃金の後払いの側面があり、この点からすれば相続財産に含むと考えるべきと言えます。

　しかし、死亡退職金には、遺族の生活保障としての側面もあります。この点からすれば、遺族固有の財産と考えるべきとも言えます。

　このように、死亡退職金のどの側面に着目するかで結論が異なることになりますが、実務上は、死亡退職金に関する支給規定（支給根拠）によるべきとされています。

　つまり、退職金支給規程の支給基準、受給権者の範囲又は順位などの規定により判断されるべきものとされているのです。

例えば、国家公務員については、国家公務員法退職手当法により受給権者を遺族としており、職員の収入に依拠していた遺族の生活保障を目的として受給権者を定めたものと解されますので、死亡退職金は、受給権者固有の権利であって、相続財産には含まれないとされています。

　民間企業でも、就業規則等で死亡退職金が定められている場合には、受給権者の範囲や順位等が定められている可能性が高いと思われます。

　したがって、まずはあなたの父が勤めていた会社の就業規則等の退職金支給規程を確認する必要があります。

【3】香典

　香典は、被相続人の死後、死者への弔意、遺族へのなぐさめ、遺族が支出を余儀なくされる葬儀費用などの負担の軽減などを目的として、祭祀主宰者や遺族へ交付されるものです。

　したがって、法的には祭祀主宰者や遺族への贈与と評価すべきものでありますので、相続財産には含まれません。

　香典は通常は葬儀費用に充てられるものと思われますが、仮に葬儀費用に充てた後で残余があった場合でも、今後の法事の費用等に使用されることが多いと考えられますので、相続人間で当然に相続人に分配されるという性質のものではありません。

【4】お墓、位牌、家系図、仏壇

　お墓は墳墓、位牌・仏壇は祭具、家系図は系譜として、すべて祭祀財産です。

　これらのものが、遺産分割によって容易に分けられないものであることは当然ですが、法律上も「系譜、祭具及び墳墓の所有権は」、「祖先の祭祀を主宰すべき者が承継する」とされ、祭祀財産は、祖先の祭祀の主宰者に帰属するとされています。

　したがって、これらの祭祀財産は、相続財産には含まれません。

　ちなみに、祭祀承継者は相続人に限定されません。

承継の順位は、第1順位が「相続人が指定した者」、第2順位が「慣習に従って祖先の祭祀を主宰すべき者と定められた者」、第3順位が「家庭裁判所の審判又は調停により定められた者」です。

【5】相続と損害賠償請求

　交通事故の被害者が、加害者に対して損害賠償請求できることは当然です。

　逸失利益などの財産的損害や慰謝料請求権（精神的損害）を請求できます。

　それでは、本件のように交通事故により即死した場合はどうなるのでしょうか。

　この点、被害者は死亡により権利主体でなくなるのであるから、損害賠償請求権を取得することが出来ず、相続人は、被害者である被相続人が取得し得ない損害賠償請求権を相続することは出来ないのではないかとも思われます。

　しかし、このような結論は、交通事故により数時間後に死亡した場合、被害者が損害賠償請求権を取得し、それを相続人が相続できること比べても不当です。

　この問題については、学説上争いのあるところですが、判例では、財産的損害についても、精神的損害についても、損害賠償請求権が相続財産に含まれるとされています。

　したがって、父の加害者に対する損害賠償請求権は相続財産に含まれ、あなたはこれを相続することができます。

【関連法規】民法第897条
【関連判例】最判昭40・2・2民集19巻1号1頁・判例タイムズ175号103頁、最判平16・10・29民集58巻7号1979頁・判例タイムズ1173号199頁

9　相続財産③（借地・借家の場合）

Q 父が突然亡くなり、兄弟で財産を分けることになりました。
　１）父は、生前、土地を賃借して、その上に持家を建て、そこに住んでいました。

①父が亡くなった後、この土地を借りる権利はどうなるのでしょうか。仮に、父が、この土地を友人から無償で借りていた場合、違いがありますか。

②私たちの母は早くに亡くなっており、母の死後、父はＡさんと事実上の夫婦として、父の持家に２人で長年にわたって住んでいました。現在も、Ａさんはその家に住んでいます。私たちとしては、家を自由に使うため、Ａさんに家から出ていってもらいたいのですが、これは法律上可能でしょうか。

　２）父は、生前、アパートの一室を賃借して住んでいました。

①父が亡くなった後、このアパートを借りる権利はどうなるのでしょうか。仮に、このアパートが、父が長年の友人から無償で借りているものであった場合、違いがありますか。

②私たちの母は早くに亡くなっており、母の死後、父はＡさんと事実上の夫婦として、そのアパートに２人で長年にわたって住んでいました。現在も、Ａさんはそのアパートに住んでいます。このたび、Ａさんは賃貸人（大家さん）から立ち退くように求められているそうです。私たちも、Ａさんにはアパートから出ていってもらいたいと思っています。大家さんや私たちの請求は法律上認められますか。

A 【1】土地を借りる権利

　民法上は、相続人は、相続開始により「被相続人の財産に属した一切の権利義務を承継する。」と定めています。これにより、被相続人の所有権や債権、債務、財産法上の法的地位などが包括的に相続の対象となります。

　土地の賃借人たる地位についても、財産法上の法的地位といえ、相続の対象となるので、本件では、お父さんの賃借人たる地位を兄弟で相続することとなります。

　他方、お父さんが無償で土地を借りていたという使用貸借契約の場合には、お父さんの死亡により契約は終了しますので、相続の対象になりません。

【2】内縁の場合

　お父さんの死亡により、持ち家の所有権は兄弟が相続します。内縁であったとしてもＡさんには法定相続分はありません。そうすると、Ａさんは、お父さんの死亡後、兄弟の持ち家に権限なく居住していることとなるので、兄弟は、明け渡しの請求ができるのが原則です。

　しかし、常にそのような主張を認めると、長年、お父さんの持ち家に居住しているＡさんの利益を害します。

　そのため、判例上は、相続人が内縁の寡婦に家屋の明け渡しを求めるのは権利の濫用だとして内縁の配偶者の保護を図ったものがあります。

　したがって、本件でも明け渡しの請求が権利の濫用にあたらない限り、Ａさんに家から出て行ってもらうことが可能です。

【3】アパートを借りる権利

　お父さんがアパートを賃借していた場合も、土地を賃借していた場合と同様に、賃借人たる地位を兄弟で相続することとなります。

　また、アパートを無償で借りていた場合も、土地を無償で借りていた場合と同様に、お父さんの死亡によりその使用貸借契約は終了しま

すので、相続の対象になりません。

【4】明渡しの請求

　Aさんは法定相続人ではありませんので、お父さんの賃借権を相続することはありません。そうすると、お父さんの死亡により、大家さんからAさんに対する明け渡しの請求が認められそうです。

　しかし、これを認めるとAさんにとって酷です。

　そこで、判例は、Aさんが、相続人の相続した賃借権を援用して居住の権利を主張できることを認めました。

　兄弟としては、相続した賃借権について、あえて賃料を不払いにして大家さんから債務不履行解除を受けたり、賃借権自体を放棄したりすることでAさんをアパートから出て行ってもらう方法も考えられますが、下級審の判例には、賃借権の放棄を無効と判断したものもあります。

　したがって、本件でもAさんが賃借権を援用し、賃借権の放棄が無効と判断されたような場合には明け渡しの請求は認められません。

【関連法規】民法第896条、同第599条
【関連判例】最判昭39年10月13日民集18巻8号1578頁、最判昭42年2月21日民集21巻1号155頁、大阪地判昭38年3月30日判例タイムズ144号95頁

10 相続財産④（債務の場合）

Q 父が亡くなり、相続人は兄と私の兄弟２人だけです。

①父は、友人Ａさんと共同して事業を営んでおり、営業資金のため、銀行からＡさんと連帯して1000万円のお金を借りていました。今後は、兄が父のあとを継ぎ、兄とＡさんの二人で事業を営んでいくことになったので、兄とＡさんは二人で借入金の責任を持つと言っています。私は銀行から借入金の請求をされることはないのでしょうか。また、仮に、父が兄に全財産を相続させるとの遺言を作っていた場合にはどうなるのでしょうか。

②父は、父の弟が会社に就職する際、頼まれて身元保証人になっていました。この身元保証債務についても兄と私が相続するのでしょうか。

A 何が相続の対象になるかについて、民法が定める原則は、「被相続人の財産に属した一切の権利義務を承継する」というものです。したがって、所有権をはじめとする物権のほか、債権、債務、無体財産権、その他明確な権利義務といえないものでも、財産法上の法的地位といえるものであれば、全て包括的に相続の対象になります。これを包括承継といいます。

ここで問題とされているものは、債務がどのように相続されるかという点にありますので、ご質問の連帯債務と保証債務に分けてご説明します。

【１】連帯債務

まず、連帯債務とは、数人の債務者が同一の給付について、各自が

独立して全部の給付をなすべき債務を負担し、そのうちの一人がこれを履行すれば、他のすべての債務者の債務も消滅するというものです。

　連帯債務では、このように各債務者が全部の給付義務を負いますが、債務者相互間では負担部分が定まっており、債務者の一人が自己の財産をもって共同の免責を得たときは、他の債務者に対して、その負担部分に応じて求償できます。

　連帯債務の相続について、判例は、共同相続人が法定相続分によって被相続人の債務を分割承継し、各自がその承継した範囲内において、本来の債務者とともに連帯債務者となるとしています。これによれば、共同相続人は、各自の法定相続分の割合でしか債務を負担せず、かつ、各自その範囲内で本来の債務者と連帯関係を生じることになります。

　次に、遺言で相続分の指定がある場合について、民法は「被相続人が相続開始の時において有した債務の債権者は、前条の規定による相続分の指定がされた場合であっても、各共同相続人に対し、第900条及び第901条の規定により算定した相続分に応じてその権利を行使するこ

とができる。ただし、その債権者が共同相続人の一人に対してその指定された相続分に応じた債務の承継を承認したときは、この限りでない。」と規定しています。債権者が知らない間に、債務者である被相続人が、勝手に債務のあり方を左右するのは妥当ではないというのが法の趣旨です。ですので、債権者は、遺言で指定された相続分を無視して、法定相続分に応じて、各共同相続人に対し、お金を支払えという主張をすることが可能となります。

　ご質問のケースに即してご説明しますと、あなたとお兄様は、各500万円ずつお父様の債務を承継し、各自その範囲内で本来の債務者であるＡさんとともに連帯債務を負うことになります。

　ですので、お兄様とＡさんが、お二人で借入金の責任を持つと言われていても、また、遺言で相続分の指定があり、債権者がその内容を承認しない限り、法的には、あなたも500万円の範囲内で連帯債務を負うことになります。銀行から借入金の請求をされることはあり得ますので、銀行ともよく話し合っておくことが必要です。

【2】身元保証債務

　次に、保証債務の相続についてご説明します。保証債務も、原則として相続人が承継することになるのは金銭債務や連帯債務と同様です。しかしながら、身元保証といった継続的保証債務については、個人的信頼関係が基礎となっているため、保証人が死亡した以後の債務について相続性があるかどうか問題となります。

　身元保証契約とは、身元保証人が、被用者の行為により雇主が受けた損害を賠償することを約する契約をいいます。身元保証に関する法律は、①保証契約の存続期間を５年に制限し、②身元保証人に広範な契約解除権を認め、③裁判所の裁量により身元保証人の責任の範囲を定めることができるとしています。

　身元保証の相続性については、身元保証契約は、これによって生じる債務が相続人にとって予測のできない責任を生じる可能性があるこ

とから、相続性がないとするのが判例です。

　ですので、ご質問のケースに即してご説明しますと、お父様の身元保証債務について、あなたやお兄様が相続することはありません。相続が始まった後に、お父様の弟様が不祥事を起して勤務先に損害を与えても、あなたやお兄様は責任を負うことはありません。

　もっとも、身元保証人の生前（相続時）に、その保証債務が既に具体的に発生している場合には、通常の損害賠償債務と同様に、相続人に承継されることになります。

【関連法規】民法第896条、同第902条の2、同第436条、同第442条1項、身元保証に関する法律第2条、同第4条、同第5条
関連判例　最判昭34・6・19民集13巻6号757頁、最判平21・3・24民集63巻3号427頁、大判昭18・9・10大民集22巻948頁、大判昭10・11・29大民集14巻1934頁

Q 父が亡くなり、相続人は兄と弟である私の2人のみです。父の遺産は、3000万の不動産と1000万円の預金です。兄は、父が亡くなった後、自分の不動産の持ち分2分の1を第三者に売却してしまいました。遺産分割に当たり、兄が売却した不動産の持分はどのように扱われるのでしょうか。

A 遺産分割とは、遺産分割時に存在している相続財産を対象として、相続開始時を基準にして算定された具体的相続分（率）を参考に個別財産を公平に分割する手続をいいます。したがって、遺産分割の対象は、遺産分割時の相続財産であって、相続開始時の相続財産ではありません。

他方、相続人は、相続開始の時点から被相続人に属した一切の権利義務を承継し、複数の相続人（共同相続人）は、各自の相続分に応じて相続財産を共有するものとされていますので、共同相続人が、遺産分割前に、自己の有する共有持分を処分すること自体は禁じられていません。

そうすると、相続開始後、遺産分割前に遺産に属する財産が共同相続人によって処分された場合、その財産（処分財産）を遺産分割時に考慮しないとすると、共同相続人間に不公平な事態が生じてしまいます。ところが、これまで、遺産分割において、その処分財産をどのように処理すべきかにつき、明文規定や関連裁判例がありませんでした。

そこで、平成30年の法改正により、共同相続人によって相続開始後に処分された財産についても、下記①ないし③の要件を充たせば処分財産が遺産分割時に遺産として存在しているものとみなすという条文

を新設し、遺産分割の枠組みのもとで共同相続人間の公平を実現する制度が採用されました。なお、共同相続人ではなく第三者によって処分がされた場合についても、共同相続人全員の合意があれば遺産分割時に遺産として存在しているものとみなされるという条文が新設されています。

話題を戻しますと、まず、①処分財産が相続開始時に被相続人の遺産に属していたことが必要です。例えば、被相続人名義の土地が相続人の1人や他人の所有物であった場合に、本制度の適用はありません。

次に、②処分財産を共同相続人の1人または数人が処分したこと、さらに、③処分財産を処分した共同相続人以外の共同相続人全員が、当該処分財産を遺産分割の対象に含めることに同意していることが必要です。

本件について検討してみます。仮に、新設規定を考慮せずに計算すると、お兄さんが売却した不動産の持分は遺産分割の対象となりませんから、あなたの具体的相続分は、（（3000万円－1500万円＋1000万円）×1／2＝1750万円となります。ところが、新設規定を考慮すると、お兄さんが売却した不動産の持分相当額も遺産分割の時に遺産として存在しているものとみなされますから、あなたの具体的相続分は、（3000万円＋1000万円）×1／2＝2000万円となることになります。

以上のように、お兄さんが売却した不動産の持分は、平成30年の法改正によって、あなたの同意の意思表示があれば、遺産分割において、遺産として存在するものとみなされるようになりました。

【関連法規】民法第896条本文、同第898条、同第249条以下、同第906条の2
【関連判例】最判昭50・11・7・民集29巻10号1525頁

12 不動産評価と基準時

Q 父の遺産として不動産を相続しました。相続開始時から遺産分割までに父から相続した不動産価格が大きく下落しました。不動産の評価方法について教えてください。

A 【1】不動産価格の基準時について

　　遺産である不動産価格の評価をいつの時点を基準として行うかについて、実際の事例の多くは、現実に遺産を分割する時点の評価に従って遺産を分割しています。

　但し、特別受益や寄与分など各相続人の相続分が問題となる場合には、各相続人の具体的相続分を算定する必要があるため、相続が開始した時点での不動産の価格を評価して、各相続人の相続分を算定します。その後、具体的相続分に従って、どの遺産を誰が相続するか決める際には、遺産を分割する時点の不動産価格の評価を基に、遺産の分割が行われます。

　したがって、ご質問の事例で特別受益や寄与分など各相続人の相続分が問題となるかならないか分かりませんが、最終的には、遺産を分割する時点の評価に従って遺産を分割することになりますので、不動産の価値が大きく下落している価値での評価となります。

　なお、当事者間で合意ができれば、遺産分割時以外の時点を基準時とすることができます。

【2】不動産の価格の評価方法について

①話合いの段階

ア）当事者間での話合いの段階（調停手続も含む）では、遺産である
　　不動産の価格の評価には、(a) 固定資産評価額 (b) 相続税評価額

（c）公示地価（d）基準地標準価格などの資料が参考になります。

しかし、これらについては次のような問題点も指摘されています。

（a）固定資産評価額（土地家屋課税台帳などに登録された基準年度における価格又は比準価格）は、各不動産について価格を求めることができるという利点があり調停でもよく参考とされますが、評価替え時期との関係で実勢価格との格差が出やすいと指摘されています。都市部では、実勢価格より（a）固定資産評価額の方が低いと言われていますが、不動産取引が活発ではない中山間地域では、実勢価格より（a）固定資産評価額の方が高い場合もあるようです。

（b）相続税評価額（相続税賦課の基礎となる財産評価基本通達により対象土地の地目ごとに路線価方式、倍率方式、比準方式のいずれかによるべきことが指定されています）も調停でよく参考にされますが、路線価をもとに対象となる不動産の個別的要因を考慮して評価を算出する必要があり、路線価のある道路に面していない土地や形状の悪い土地では算出が困難な場合もあります。

（c）公示地価及び（d）基準地標準価格は、時価に近いとされますが、対象となる標準地・基準地が少なくこれらに基づいて対象土地の評価を算出する際の調整が困難です。

イ）その他には、遺産である不動産の近隣の不動産業者による不動産査定書を参考にすることも多いです。

また、当事者が自ら不動産鑑定を依頼して、遺産である不動産の鑑定をして不動産の価格を算定すること（これを「私的鑑定」ということもあります）もありますが、依頼者に有利な評価になってしまうという指摘もあります。

調停においては、家庭裁判所の調査官により、遺産である不動産の価格の調査報告がされることもありますが、一般的には、家庭裁判所の調査官は、不動産評価に関する専門家ではありませんので、そ

の調査について過大な期待はできず、当事者間に評価について争いが多い場合には有効な資料になりにくいとされています。

　また、調停の段階では、不動産鑑定士の資格を有する方を家事調停委員に指名して遺産の評価についての意見を聴取することもできます。この方法は、専門家の意見ですので信頼性において優れ、かつ、格別の費用も要しないのが利点ですが、不動産鑑定士の資格を有する家事調停委員を確保することが困難であるという難点もあります。

　なお、調停手続の段階でも下記に述べる鑑定が行われることがあります。鑑定は多額の費用を要することから、調停で鑑定する場合には、鑑定を無駄にしないために、鑑定に先立ち、鑑定結果に従うとの当事者全員の合意を調書に記載するのがよいとされています。但し、遺産である不動産の価格が低い場合や不動産の数が多い場合などには、高額な費用を負担しなければならない鑑定によるのは合理的ではないので、上記の他の方法で合意することが多いです。

②審判手続の段階

　当事者間の話合い（調停手続も含む）によっては、遺産である不動産の価格が合意に至らなかった場合には、審判手続によって遺産である不動産の価格が決定されることになります。審判手続においては、遺産である不動産の価格について鑑定が行われることが多いです。

　鑑定とは、家庭裁判所から選任された鑑定人がその専門的知識により鑑定を行い、裁判所に鑑定結果を報告するもので、最も客観性に優れ、当事者も信頼することのできるものです。鑑定費用については、鑑定を希望する者に全額予納させた上で、審判において、各相続人に相続分に応じた負担を命ずることが多いです。なお、当事者に資力がない場合には、当事者全員の合意で相続財産から鑑定費用を拠出することもできます。

　鑑定人のする鑑定においては、（a）取引事例比較法（b）収益還元

法（c）原価法の３つの各評価方法に基づく価格を算定した上で、現実の不動産の状況や条件に照らした総合的考察により、最終的な評価額を決定する手法が採られることが多いです。

　なお、（a）取引事例比較法とは、同種の不動産が市場において取引されている価格との比較で価格を算定する方法をいい、（b）収益還元法とは、当該不動産を利用することによりどの程度の収益を得られるかに着目して、その収益を期待利回りで除して資本還元することにより価格を算定する方法をいい、（c）原価法とは、当該不動産がどの程度の費用で造成・建築されるかという原価に着目して価格を算定する方法をいいます。

　したがって、ご質問の事例では、上記①で説明した評価方法による不動産の価格で合意できれば、それが遺産である不動産の価格になります。しかし、当事者間の話合いによって合意できなければ、上記②で述べた審判手続で遺産である不動産の価格が決められることになり、その前提として鑑定人による鑑定が行われることが多いです。

【3】土地賃借権の価格の評価方法について

　不動産の所有権ではなく、土地賃借権（借地権）が遺産である場合も多いので、最後に一言触れさせていただきますと、土地賃借権は、更地価格に対して借地権割合といわれる一定の割合を乗じて算出されることが多いです。借地権割合には地域差がありますが（およそ更地価格の30パーセントから90パーセント）、これは、税務署が相続税を算出するための数値で、路線価図などに記載されています。都市部の方が中山間地域に比べて借地権割合が高い傾向にあります。

【関連法規】民法第903条、同第904条、同第904条の2、同第906条
【関連判例】大阪高裁決定昭58・6・2・判例タイムズ506号186頁、最判昭51・3・18・民集30巻2号111頁・判例タイムズ335号211頁

13 遺産の評価方法

Q 亡父の遺産として、次のようなものがあります。遺産分割する際に、それぞれどのように評価すればよいのでしょうか。

①預貯金

②株式

③ゴルフ会員権

④自動車

⑤書画骨董品

A 【1】預貯金の評価について

　　実務上は、遺産分割の時点で遺産を評価することが多く、預貯金は、遺産分割時の残高で評価されます。遺産分割時の残高は、通帳や残高証明書で明らかにするのが一般的です。

　なお、定期預金や定額郵便貯金については、中途解約をした場合の払戻予定額を金融機関に照会し、回答額から利子配当分離課税分（20％）相当分を差し引いたものを分割対象額とする方法がとられることが多くあります。

【2】株式の評価について

①上場株式について

　実務上は、上場株式の評価について、遺産分割時に最も近い時点（例えば、審判日の直前の日等）での終値によって算定することとされています。上場株式の終値は、日刊新聞や証券取引所のホームページ上の情報から入手します。

②非上場株式について

　非上場株式は、上場株式とは異なり、市場で客観的な価格が付けら

れていません。そのため、公認会計士等の専門家による鑑定によって評価することもありますが、鑑定費用が高額になるため、鑑定が行われることは、実際には多くありません。

　鑑定によらずに非上場株式を評価する方法には、次のものが挙げられます。

ア）相続税の申告がされている場合、相続税申告書に記載された非上場株式の評価額を参考にして評価することができます。その際、過去３年分程度の損益計算書、貸借対照表及び確定申告書を検討し、当事者間で評価についての合意を得る、または、日経平均株価の推移を利用して修正を行うといった修正が行われることが多くあります。

イ）会社法上の株式買取請求の際に用いられる株価算定方式である、次の方式のいずれかによって評価することができます。

　①純資産価額方式（会社の総資産から負債等を控除した純資産価額を発行済株式総数で割った額をもって株価とするもの）

　②収益還元方式（将来の予想年間税引後利益を資本還元率で割ったものを発行済株式総数で割った額をもって株価とするもの）

　③配当還元方式（会社の配当金額を基準として、これを発行済株式総数で割った額をもって株価とするもの）

　④類似業種比準方式（業種、規模等が類似する公開会社または類似業種の公開会社の平均と比較して、株価を算定するもの）

　⑤併用方式（①から④の方式を組み合わせて株価を算定するもの）

ウ）税務上の評価基準である財産評価基本通達によれば、次のように評価することができます。

　①上場会社に匹敵する大企業の株式は、上場会社の株式評価との均衡を図ることが合理的であるので、原則として類似業種比準方式による。

　②個人企業と変わりのない小規模会社の株式は、個人企業者の財産評価との均衡を図ることが合理的であるので、原則として純資産

価額方式による。

③大会社と小会社の中間にある中会社の株式については、大会社と小会社の評価方式の併用方式による。

以上のとおり、非上場株式の評価方法は様々ですが、一般的には、理解及び計算のしやすさから、純資産価額方式によることが多いようです。

【３】ゴルフ会員権について

ゴルフ会員権については、ゴルフ会員権の取扱業者が発表している気配値を基に評価されます。

全てのゴルフ会員権に妥当するわけではありませんが、取引相場があるゴルフ会員権の場合、相場の約７割で評価されることが多いようです。

【４】自動車について

自動車については、いわゆるレッドブックによって評価することができるほか、遺産分割調停または審判が家庭裁判所に係属している場合には、財団法人日本自動車協会に対して調査嘱託をして評価額を得ることもできます。

【５】書画骨董品について

書画骨董品を評価する前提として、当該書画の真贋が問題となることがありますので、あらかじめ美術商に真贋を判断してもらうことが適当な場合があります。

そして、書画骨董品が真作である場合、その価格は個人の主観的な嗜好によって大きく左右されますので、購入価格を基にして評価額を試算し、これを基に取得希望者に取得価格を提示してもらい、他の相続人にそれ以上の価格での取得希望がなければ、提示額によって評価額の合意を成立させる、という手法が望ましいということができます。

なお、美術年鑑に掲載されている評価額は、当該書画の品質を考慮しておらず高額に過ぎることが多いので、あまり参考にはならないと思われます。

第3章

特別受益と寄与分

14 特別受益がある場合の相続分

Q ①父親が死亡し、相続財産は3000万円、相続人は私を含め3人なのですが、生前、妹が父親からマンション購入のため600万円の支援を受けています。

このような場合でも、法定相続分（3分の1）どおり、遺産分割しなければならないのでしょうか。

②この度、20年以上連れ添った夫が亡くなりました。夫の遺産は、不動産3000万円と預貯金1000万円です。私は、夫の生前、夫名義であった自宅土地建物の贈与を受けています。この場合、どのように遺産分割をすることになるのでしょうか。

A 【1】
　　相続開始後、相続財産の分配は、相続人間の遺産分割という手続きにより行うことになります。

　そして、遺産分割の手続きは、相続人間の合意によれば、その合意した内容になりますが、法律によって相続分の基準として法定相続分が定められています。

【2】

　設問①では、生前妹が父親からマンション購入のため600万円の支援を受けています。

　このような場合に、遺産分割において、この600万円の支援を考慮しないとすると、一方の相続人だけが財産を結果的に多く貰うことになって、相続人間の衡平を害する結果になります。

　そこで、民法は、共同相続人中に、被相続人から、遺贈を受け、又は婚姻若しくは養子縁組のため若しくは生計の資本として贈与を受け

た者があるときは、そのことも考慮して、相続財産の分配を決めると定めています。

　これがいわゆる特別受益を言われるもので、例えば、相続人の内の一人に、事業資金を支出した場合、独立して生活を営む際の不動産を贈与した場合、などがあります。

　また、設問①のように、特別受益に当たる生前贈与等の財産について、みなし相続財産として相続財産に戻すことを持ち戻しといいます。

　被相続人による持ち戻しの免除の意思表示があると、被相続人が生前贈与等した財産について、特別受益の規定が適用されなくなります。

　状況により、黙示の持ち戻しの免除も認められる場合があります。

【3】

　設問①では、生前妹が父親からマンション購入のため600万円の支援を受けていることから、妹は特別受益を得ておりますので、具体的相続分の計算において、この600万円の支援を考慮することになります。

　すなわち、相続財産は3000万円ですので、これに600万円の財産を加えた、3600万円がみなし相続財産となります。

　そして、あなたの法定相続分は3分の1ですので、このみなし相続財産3600万円に法定相続分3分の1をかけた1200万円があなたの具体的相続分となります。

　ちなみに、妹はこの1200万円から生前贈与を受けた600万円を控除した、600万円が具体的相続分となります。

　よって、設問①については、あなたの具体的相続分は1200万円、もう一人の相続人の具体的相続分は1200万円、妹の具体的相続分は600万円となります。

【4】

　婚姻期間が20年以上の夫婦の一方である被相続人が、他の一方に対し、その居住の用に供する建物又はその敷地について遺贈又は贈与をしたときは、当該被相続人は、その遺贈又は贈与について持ち戻しの

免除の意思表示をしたものと推定されます。

　これは今回の民法改正によって、新しく設けられた規定で、このような場合の贈与や遺贈は、配偶者の長年にわたる貢献に報いるとともに、老後の生活保障の趣旨で行われることが多いため、持ち戻しの免除の意思表示があると推定することによって、他方配偶者を保護するために設けられた規定です。

【5】

　設問②においては、私は、生前、夫名義であった自宅土地建物の贈与を受けていますが、私と夫は、20年以上連れ添った夫婦ですので、本規定によって、持ち戻しの免除の意思表示があったと推定されます。

　よって、私は、生前贈与を受けたこの自宅土地建物については、特別受益として考慮することなく、不動産3000万円と預貯金1000万円を相続財産として、遺産分割をすることになります。

【関連法規】民法903条1項、4項
【関連判例】東京高平8・8・26家月49巻4号52頁

15 特別受益者

Q ①父親が死亡し、相続財産は2000万円、母親と兄が父親より先に死亡しており、相続人は私と兄の子の2名になっています。この兄の子は、父親の生前、マンション購入のため父親から1000万円の支援を受けていました。このような場合でも、法定相続分（2分の1）どおり、遺産分割しなければならないのでしょうか。

②上記と同じく兄が既に死亡していたのですが、父親が生前に兄に対してマンション購入のため1000万円の支援をしていた場合、私と兄の子とで遺産分割する場合では法定相続分（2分の1）どおり遺産分割しなければならないのでしょうか。

③兄がまだ生きており、相続人が私と兄の2名で、父親が兄の妻の個人事業に対して、500万円の援助をしていた場合はどうなるのでしょうか。

A 【1】代襲相続人の受益

　　お兄さんのお子さんが1000万円の支援を受けた時期にお兄さんが存命だったかどうかによって結論が異なります。

①お兄さんが存命のときに贈与された場合

　特別受益は「相続人」のあいだの不公平を是正するための制度ですので、お兄さんが存命であればお兄さんのお子さんはお父さんの相続人にあたらないことになります。

　したがって、原則として、特別受益には当たらず、法定相続分どおり遺産分割することになります。

　ただし、特別受益に当たるとする裁判例もあり、個別具体的な事情

に鑑みて妥当な結論になるよう配慮されることがあります。

②お兄さんが亡くなったあとに贈与された場合

お兄さんが亡くなったあとに1000万円の贈与をお兄さんのお子さんが受けたのであれば特別受益を受けたことになりますから持ち戻すことになります。

お金については現在の貨幣価値に換算して計算します。

【2】被代襲者の受益

被代襲者に特別受益がある場合、代襲相続人に特別受益の持ち戻し義務ありとするのが通説です。そこで1000万円の贈与について現在の貨幣価値に換算して持ち戻し、そのうえで遺産分割をすること原則です。

ただし、事案に応じて具体的妥当性を図るため、全部又は一部を持ち戻させないとした裁判例もあります。

【3】相続人の配偶者の受益

特別受益の持ち戻しは相続人間の不公平是正のためのものなので、援助を受けたものが相続人でない場合は、適用がないのが原則です。ただ、個別的実質的にみて妻の個人事業とはいっても名目だけで実質は兄の事業であったというような特別事情があれば、結論は別になります。

【関連法規】民法第903条第1項
【関連判例】大分家審昭49・5・14家庭裁判所月報27・4・66、鹿児島家審昭44・6・25家庭裁判所月報22・4・64判例タイムズ249・302、徳島家審昭52・3・14家庭裁判所月報30・9・86

16 不動産の無償使用と特別受益

Q 兄が父親の所有する建物に長年無償で居住していた場合、遺産分割に際してこの点は考慮されないのでしょうか。兄が所有する建物の底地が父親所有で、兄がこの土地を無償で使用させてもらった場合はどうでしょうか。この無償使用が、父親が営んでいた農業を兄が手伝うためのものだった場合はどうでしょうか。

A 【1】遺産分割における特別受益の調整

遺産分割は、遺産の分け方について共同相続人間の話し合いで全員が合意すれば、民法で定める相続分と異なった内容でも行うことはできます。したがって、亡きお父さんの遺産分割をどのようにするかの話し合いのなかで、お父さんの所有する土地や建物をお兄さんが無償で使っていたことを持ち出し、お兄さんも含めた共同相続人全員がそのことを考慮した遺産の分け方で、合意できれば、お父さんの遺産分割を行うことはできます。

もっとも、共同相続人間で遺産の分け方について話し合って合意ができなければ、最終的には裁判所の審判によって遺産の分け方は決められることになりますが、審判では民法で定める法定相続分や相続人の具体的な相続分を決める際に考慮する「特別受益」の有無などが問題となります。また、共同相続人間で遺産分割の話し合いをする際にも、法定相続分や特別受益の有無などを踏まえて話し合いをすることが多いです。

そこで、亡きお父さんの所有する土地或いは建物を無償で使っていたお兄さんに特別受益があるといえるかが問題となります。特別受益

の制度は、相続人間の公平を図るものですから、形式的には「贈与」とは言えなくても、相続人が被相続人から特別の財産的価値のある利益を得ていると評価できる場合には、特別受益を得ているとして遺産分割で考慮されます。

【2】土地の無償使用の場合

まず、お兄さんが亡きお父さんの所有する土地に建物を建てて利用していた場合をみてみます。お兄さんは、建物が建っている土地（以下、「底地」といいます）をタダで使っており、そのことをお父さんが了承しておれば、お父さんとお兄さんとの間では建物所有のために底地を無償で利用すること（使用貸借）の合意があったとみることができます。

そして、建物所有目的の土地使用貸借権は、底地の更地価格の一定割合（1割から3割程度の範囲が多いとされています。割合は建物の作りや築年数その他の事情によって異なります）の財産的価値があります。

そうすると、今回の場合、お兄さんはお父さんから底地の使用貸借権を無償で設定してもらっているといえますから、お兄さんはお父さんから財産的価値のある利益を得ているということができます。

ただ、具体的相続分を決める際の特別受益といえるかどうかは、特別受益制度が相続人間の公平のために、相続財産の前渡し的性格を持っているものを遺産分割の際に考慮しようとするものですので、形式的画一的に決めることは難しく、被相続人の資産の状況、贈与等された財産や利益の価格、それが被相続人の遺産に占める割合、利益を得ている相続人の負担、被相続人の生活状況、利益を得ている相続人の生活状況、被相続人が財産を贈与等した理由、他の相続人との比較など種々の事情を考慮して判断せざるをえません。

したがって、お兄さんが亡きお父さんの所有する土地に建物を建てて利用していた場合、お兄さんはお父さんから底地の使用貸借権とい

う財産的価値のある利益を得ているのですが、それが特別受益といえるかは、上記のような種々の事情も考慮して決めるということになります。

　底地の無償使用が亡きお父さんが営んでいた農業を手伝うためのものだった場合についても、先に述べました事情や農業でのお兄さんの負担や農業で収入を得ていたかなどの事情も考慮して特別受益となるかを判断することになります。

　なお、特別受益にあたるとしても、被相続人である亡きお父さんが持ち戻し免除の意思表示をしていれば、特別受益として考慮することはできません。

【3】建物の無償使用の場合

　次に、お兄さんが亡きお父さんが所有していた建物に長年無償で居住していた場合、お兄さんに特別受益があるといえるでしょうか。

　この場合、お兄さんは建物居住の利益を得ています。お兄さんが、お父さん所有の建物に居住できないとなると、お兄さんは、例えば、居住用の建物を借りなければなりませんが、それをしないですんでいるので、家賃相当額の財産的価値のある利益を得ていると考えることはできます。

　しかし、特別受益といえるためには、被相続人の経済的負担で相続人が利益を得ている必要がありますが、建物の利用状況等からすると被相続人の経済的負担になっていない場合もあり、一概に、家賃相当額が特別受益になるとはいえません。また、相続人の一人と被相続人との間に建物を無償で利用すること（使用貸借）の合意があったとみることができる場合もありますが、建物の使用貸借権の経済的価値の算定は難しいという問題があります。

　さらに、この問題をクリアーできたとしても、前にも述べましたとおり、特別受益にあたるかどうかは、種々の事情をもとに判断せざるをえません。

そして、ご質問のような相続人の一人が被相続人所有の建物に居住していた場合といっても様々なケースがありますので、前に述べた事情に加え、例えば、相続人が被相続人と同居していたか否か、同居していたとして建物の大きさや構造、同居するにいたった経緯理由、相続人の負担の有無や内容、或いは、同居していない場合でも、その建物が居住用か賃貸用か、相続人が居住するようになった経緯理由、相続人の負担の有無や内容など種々の事情を考慮して判断することになります。

　建物の無償使用がお父さんが営んでいた農業を手伝うためのものだったという事情も特別受益があったかどうか判断する際の一つの事情といえます。

　ご質問のケースでは、お父さんの建物を無償で使用しているお兄さんに特別受益があるかどうか、あるとしてその価額がいくらかは、前に述べた事情を総合して考えざるをえません。

　また、お父さんが持ち戻し免除の意思表示をしていれば、特別受益としては考慮されません。

【関連法規】民法第900条、同第903条

17 寄与分の認められる範囲

Q 遺産分割の際に寄与分というものがあると聞きました。

①寄与分とは、どのようなものですか。また、どのような場合に認められるのでしょうか。

②私の父は、長年にわたって寝たきりの状態でしたが、先日、亡くなりました。私は、病気の父の世話をしてきましたが、このような場合に、寄与分は認められるのでしょうか。

③私の亡き父は、自営業者でしたので、私は、父が亡くなる3年ほど前から父の仕事を手伝っていました。父から給料はもらっていたのですが、その場合でも寄与分は認められるのでしょうか。

A 【1】寄与分とは

寄与分とは、共同相続人の中に相続財産の維持または増加に特別の寄与（貢献）をした者がいる場合は、その寄与相当額（維持または増加分）を法定相続分に上乗せすることで、共同相続人間の衡平を図る制度です。

なお、民法改正により、共同相続人以外の被相続人の親族についても、特別の寄与という制度が新たに創設されました。この点については、「Q20 相続人以外の者の貢献を考慮するための方策」をご覧ください。

一般的に寄与分が認められる類型として、家事従事型（ex.被相続人の事業を無報酬またはそれに近い状態で従事するような場合）、金銭出資型（ex.被相続人の借金を肩代わりして支払うような場合）、療養看護型（ex.相続人が被相続人の療養看護をして医療費等の支出を免れる

ような場合)、その他扶養型、財産管理型などがあります。

ただし、いずれの類型についても「特別の寄与」であることが必要です。特別の寄与であるかどうかは、①被相続人と相続人の身分関係に基づいて通常期待できるような態様以上の貢献があったかどうか、②当該行為が無償で行われたかどうか、③当該行為が一定期間継続しているかどうか等の事情から判断されます。

【2】療養看護型の場合

被相続人である父親の療養看護を行ったことによって寄与分が認められる可能性はありますが、前述のとおり、それが「特別の寄与」と認められなければなりません。

療養看護型において、特別の寄与かどうかは、当該行為が親族が当然なすべき配慮の範囲（ex.お見舞い、声掛け等）を超えていることが必要であり、老親の介護の場合、被相続人が要介護2以上の状態であることが一つの目安となります。

また、被相続人の療養看護を無償で行い、その期間も数日、数週間

程度では足りず、数か月は必要と考えられます。

　その結果、本来であれば被相続人が施設入所、入院等必要であるにもかかわらず、相続人の療養看護によって、被相続人がそれらの費用の支出を免れたのであれば、寄与分が認められる可能性はあります。

【３】家事従事型の場合

　被相続人である父親の仕事を手伝っていたとしても寄与分が認められる可能性は低いと思われます。このケースでもやはり当該行為が「特別の寄与」と認められる必要があります。

　家事従事型において、特別の寄与かどうかは、当該行為が通常であれば第三者を雇用するであろう行為かどうか（簡単な帳簿付、店番では特別な行為とまでは言えません。）、３〜４年以上は従事していること、そして、当該行為の対価が無償、あるいは、著しく低廉の給与であることが必要と考えられます。なお、給与が著しく低廉であっても、被相続人から生活費の負担を受けていたり、被相続人の持ち家に居住しているなどの場合は、実質的に労務の対価を得ているとして、寄与分が否定される場合もあります。

　本件のケースでは、父親から給料をもらっていたということで、相続人が労務に対する相応の対価を得ていたということで「特別の寄与」は該当しないと判断される可能性が高いです。ただし、相続売人が得ていた給料が労務に見合ったものかどうか、給料以外に実質的に被相続人から金銭的援助等があったのかどうかなど慎重に見極める必要があります。

【関連法規】民法第904条の2

18 寄与分を主張できる者の範囲

Q 寄与分はだれでも主張できるのでしょうか。
①内縁関係の夫や妻は、妻や夫が亡くなった場合、寄与分を主張できますか。
②相続放棄した人は、寄与分を主張できますか。
③祖父母の相続のときに、代襲相続人（孫）は、被代襲者（親）が祖父母の財産の維持に貢献したとして、寄与分を主張できますか。

A 寄与分は、だれでも主張できるわけではありません。民法上、主張できる人が制限されています。

【1】 内縁関係の夫又は妻

従来、寄与分の主張は、相続人に限定されていました。そのため、相続人でない内縁関係の夫や妻は、寄与分を主張できませんでした。

この点について、相続人以外の者は、寄与分の主張が認められない点で、公平を欠くとの指摘がありました。

そこで、被相続人に対して、特別の寄与をした被相続人の親族（特別寄与者といいます。）が、一定の要件を満たした場合、相続人に対し、寄与に応じた金銭（特別寄与料といいます。）の支払の請求ができるようになりました。この規定は、令和元年7月1日以降に相続が発生した場合に、施行されます。

親族とは、6親等内の血族、配偶者、3親等内の姻族が範囲となります。

血族とは、要するに、血のつながっている人です。養子も、血族に含まれます。姻族とは、配偶者の血族のことです。

内縁関係の夫や妻は、それだけでは、親族とはなりません。内縁関係の夫や妻が、被相続人の6親等内の血族か、3親等内の姻族でなければ、寄与分も特別寄与料も主張できません。

【2】相続放棄をした人

　相続放棄をした人は、初めから相続人とならなかったものとみなされます。よって、寄与分の主張はできません。

　特別寄与料においても、相続放棄をした人は、特別寄与者から除外する規定が定められています。

　ですので、相続放棄をした人は、寄与分も特別寄与料も主張できません。

【3】代襲相続人

　祖父母の相続のときに、代襲相続人（孫）は、被代襲者（親）が祖父母の財産の維持に貢献したとして、寄与分を主張できます。

　その理由は、次のとおりです。

　祖父母の相続のとき、被代襲者（親）がご存命であれば、被代襲者（親）は、相続人として、寄与分を主張できます。

　祖父母の相続のとき、親が祖父母より先に死んで代襲相続が発生していた場合、代襲相続人が、代襲相続人（孫）は、被代襲者（親）が祖父母の財産の維持に貢献したとして、寄与分を主張できるか、民法に直接の規定はありません。

　この場合、代襲相続人に寄与分を認めないと、親が存命だった場合と比べ、不公平が生じます。代襲相続人は、寄与分を主張できるという被代襲者の立場をそのまま受け継ぐと考えることができます。

　そこで、上記の結論となります。この場合、寄与分の主張を認めた裁判例も存在します。

【関連法規】民法725条、809条、904条の2、939条、1050条（新設）
【関連判例】東京高決平元・12・28家庭裁判所月報42巻8号45頁・判例タイムズ751巻46頁

19 寄与分の決定

Q 寄与分はどのようにして決めるのですか。手続を教えてください。

A 寄与分の決定は、まず共同相続人間で話し合ってみて、まとまらないときには、家庭裁判所の手続である調停や審判によることになります。

【1】協議（相続人間での話し合い）

寄与分に関する話し合いは、遺産分割協議と同じく共同相続人全員で行わなければなりません。寄与分は相続開始後、遺産分割協議が成立する前までに決定されておくべきものですので、遺産分割協議の中であわせて話し合いで決めるのが普通です。

【2】調停

共同相続人間の話し合いでまとまらないときは、家庭裁判所に調停を申立てて、調停の場で寄与分について話し合いで決めることになります。

調停手続きは、裁判所を利用して話し合うための手続きです。調停委員の方が各相続人の言い分を調整してくれる分、当事者だけでの協議より、まとまる可能性は高いといえますが、共同相続人全員が合意に至らなければ、調停成立に至りません。

寄与分についての調停を申し立てる場合には、遺産分割の調停も併せて申立てるのが普通ですが、実際には、寄与分の調停をあえて申し立てることはあまりなく、遺産分割調停の中で、寄与分の主張が行われる例が多く見られます。

寄与分についての調停は、寄与分を主張する相続人が申立人となり、

他の共同相続人全員が相手方となります。

　管轄（どこの裁判所で扱うか）は、原則として相手方の住所地の家庭裁判所もしくは、当事者が合意で定める裁判所になります。もっとも、遺産分割調停が既に行われている場合には、その遺産分割調停が行われている裁判所が管轄裁判所になります。

【3】審判

　共同相続人間での協議や調停で合意できないときは、家庭裁判所に寄与分を定める旨の審判の申立てをすることになります。

　審判手続きは、裁判官が、当事者から提出された証拠等に基づいて判断する手続きです。

　寄与分を定める審判の申立ては、遺産分割の審判事件の申立てがなされていることが要件とされていますので、遺産分割審判が申し立てられていない場合には、寄与分の審判の申立てと一緒に遺産分割の審

判を申し立てる必要があります。そして、寄与分と遺産分割が併せて審理されることになります。

　なお、調停を申し立てることなく、ただちに寄与分の審判の申立てを行うことも可能ですが、ただちに審判手続が開始されることは少なく、裁判所により職権で調停に付される（裁判所からまずは調停で話し合ってみて下さいと勧められる）のが通常です。

　申立人、相手方は、調停の場合と同様です。管轄は、遺産分割審判が申し立てられている場合には遺産分割の審判事件が扱われている裁判所になりますし、遺産分割審判と同時に申し立てる場合には相続が開始した地（被相続人がなくなった場所）を管轄する裁判所になります。

【4】定め方

　寄与分が認められるためには、寄与行為をした時期、その方法、態様、通常の扶養義務の範囲を超える程度の特別の寄与であったこと、その結果どのようにして財産が維持され増加したのかの関連性が明確に示されなければなりません。

　したがって、調停手続・審判手続の中で、寄与分を主張する人は、上記事情を裏付けるための立証活動をしなければなりません。

　たとえば、扶養型や財産給付型では、扶養金額や財産給付を裏付ける領収書や預・貯金通帳等の動きから立証すべきこととなります。

【関連法規】民法第904条の2第2項、家事事件手続法第191条、同第245条

20 相続人以外の者の貢献を考慮するための方策

> **Q** 夫の父が亡くなりました。私は、夫の父の生前、長期間夫の父を介護してきました。私は夫の父の相続人ではありませんが、夫の父の相続に関して何らかの権利を主張することはできないのでしょうか。

A 特別寄与料の支払請求が認められる場合があります。

今回の民法改正により、被相続人（亡くなられた方）の親族が、被相続人の財産の維持又は増加について特別の寄与をした場合、相続人に対し、寄与に応じた額の金銭（これを「特別寄与料」といいます。）の支払を請求することができるようになりました。

【1】請求できる人

特別寄与料を請求することができる人は、「被相続人の親族」です。この親族には、被相続人の子の配偶者、被相続人の兄弟姉妹及びその配偶者、被相続人の兄弟姉妹の子及びその配偶者、被相続人の配偶者の連れ子などが含まれます。ただし、相続人、相続の放棄をした者、相続人の欠格事由に該当する者及び廃除により相続権を失った者は含まれません。

【2】特別の寄与とは

特別の寄与といえるためには、「被相続人に対して無償で療養看護その他の労務の提供をしたことにより被相続人の財産の維持又は増加について特別の寄与」をすることが必要です。

①無償

ある程度のお礼を被相続人から受け取っている場合、特別寄与料の請求ができなくなるかは難しいところです。お礼の額やその内容など

によっては、実質的に「無償」であるとして、特別寄与料の請求が認められる可能性はあるように思われます。今後の事例の集積が待たれるところです。

②療養看護その他の労務の提供

療養看護とは、病気療養中で介護が必要な状態にある被相続人を介護することをいうと考えられています。労務の提供は様々な形が考えられますが、その典型例としては、被相続人が営んでいる事業に協力した場合を挙げることができます。

③財産の維持又は増加

財産の維持の例としては、農家の長男が稼業である農業を無償で行い、被相続人の財産である農地を手放さなくて済んだ場合が挙げられます。

単に、被相続人の相談に親身に乗るなど、相続人の精神的ケアに尽くした場合などは、財産の維持又は増加がありませんので、特別の寄与をしたとは認められないでしょう。

④「特別の」寄与

寄与の程度としては、「特別の」寄与とされていることから、何らかの寄与があったというだけでは足りず、一定程度以上の寄与が必要となると思われます。ただし、どのような場合に「一定程度の寄与」があったと認められるかは、現在において明確な基準はありません。今後の事例の集積が待たれるところです。

【3】今回のケースについて

今回のケースでは、あなたは被相続人の子の配偶者ですから、「親族」に含まれることになります。

あなたは長期間被相続人を介護してきていますから、その介護が無償であり、その介護により被相続人の財産の維持又は増加について特別の寄与をしたといえるのであれば、特別寄与料の請求が認められることになります。

【4】どのようにして請求するか

　まずは、相続人との話合い（協議）により、特別寄与料の額や支払方法などを決めることになります。ただし、特別寄与料の額は、被相続人が死亡時に持っていた財産の価額から遺贈の価額を差し引いた残額を超えることができません。

　話合いがまとまらないときや、話合いができないときは、家庭裁判所に対し協議に代わる処分を請求することになります。

　この場合、家庭裁判所は、寄与の時期、方法及び程度、相続財産の額その他一切の事情を考慮して特別寄与料の額を定めることとされています。

【5】いつまでに請求するか

　被相続人が死亡したことと相続人とを知ったときから6か月を経過するまでか、被相続人の死亡時から1年を経過するまでに、家庭裁判所に協議に代わる処分を請求しなければなりません。

　相続人と話合いをしているうちに期限を過ぎていたということにならないよう気を付ける必要があります。

【関連法規】民法725条、同第882条〜同第883条、同第891条〜第892条、同第1050条

第4章

遺言の方式と遺言事項

21 遺言書の作成

Q ①私も高齢になってきたので、相続について考えるように
なりました。私には妻と子供が2人いますが、皆仲が良い
ので、私の死後相続でもめることはないと思います。このよう
な場合、私は遺言書を作成する必要はないのでしょうか。
②遺言書を作成しようと思うのですが、遺言にはどのような種類
のものがあるのでしょうか。
③私は、妻と相続について話し合っているのですが、妻と一緒に
同一の証書で遺言をすることはできるのでしょうか。

A 【1】遺言は有益なもの

　遺言書を作るか、作らないかは、あなたの自由ですから、奥さんと子供さんとの間で争いがおきるおそれがないと思われるなら、作る必要はないといえます。

　しかし、遺産をどのように分けるか、特に不動産、預貯金、有価証券、現金、貴金属、骨董品など多くの種類の遺産がある場合、誰が、どの遺産を、どれだけ相続するか、話し合って決めるのは、かなりめんどうなことであり、その間にどのような争いがおきるかわかりません。

　その争いを避けるために、誰が、どの遺産を、どれだけ相続するか、遺言しておくことは有益だと思われます。ただし、相続人には遺留分（奥さんは遺産の4分の1。2人の子供は、1人あたり8分の1）がありますので、これを侵害すると、新たな争いが生じるおそれがありますので、侵害しないよう配慮することが必要です。

【2】遺言の種類

　遺言には、自筆証書遺言、公正証書遺言、秘密証書遺言、特別方式

による遺言があります。この中で、特別方式による遺言には、危急時遺言、隔絶地遺言があります。以下では自筆証書遺言、公正証書遺言について説明します。

①自筆証書遺言

　自筆遺言証書は、遺言者が、全文、日付および氏名を自書し、印を押すことによってでき上がります。

　全文、日付および氏名の全部を自分で書かなければならず、パソコンを使ったり、他の人に代書してもらったものは、無効です。ただし、民法の改正によって、平成31年1月13日から、相続財産の目録については、自書でなくてもよくなりましたので、パソコン、代書による作成のほか、不動産の全部事項証明書や預金通帳のコピーを目録として使用することも可能となりました。ただし偽造等を防止するため、目録の各葉に署名と押印が必要です。

　印は実印でも、認印でも、また指印でもかまいません。

　このように、自筆証書遺言は、自分1人で作成できるので簡便ですが、なくなったり、変造されるおそれがあるという短所があります。

　しかし、「法務局における遺言書の保管等に関する法律」ができ、2020年7月10日からは、法務局が、自筆証書遺言を安全に保管してくれることになります。

　くわしいことは、本書の「24　自筆証書遺言」をごらん下さい。

②公正証書遺言

　公正証書遺言は、法務大臣が任命、監督する公証人が作成するもので、遺言者が、成年に達した証人2人の立会いの下、公証人に遺言の趣旨を口述し、公証人がそれを筆記し、公証人が遺言者及び証人に読み聞かせ、又は閲覧させ、遺言者及び証人が筆記が正確であることを確認して署名、押印し、最後に公証人が署名、押印することによってでき上がります。

　公正証書遺言は、原本を公証人が保管しますから、なくなったり、変

造されるおそれがないので、おすすめしたい遺言です。

　くわしいことは、本書の「25　公正証書遺言」をごらん下さい。

【3】共同遺言の禁止

　共同遺言は禁止されていますので、奥さんと一緒に同一の証書で遺言することはできません。その理由は、遺言は、遺言者の最終意思に基づき、自主独立になさるべきであり、また、撤回の自由を認められているのであって、共同遺言は、相互に他人の意思の影響をうけているのではないかとの疑いを生ずる余地があり、また撤回の自由を妨げるおそれがあるからです。

【関連法規】　民法第968条、同第969条、同第975条、同第1022条

22　遺言書の書き直し

Q 　私は、いま、長男に自宅を相続させるという内容の遺言書を作成するつもりでいます。しかし、遺言書作成後に事情が変わって、次男に自宅を相続させたいという場合、一度作成した遺言書を書き直すことはできるでしょうか。

　また、長男に自宅を相続させるという内容の遺言書を作成した後に、自宅を処分することが必要になった場合、自宅を処分することはできるでしょうか。

A　【1】遺言書の書き直しについて

　遺言とは、遺言者の最終意思を法律上も尊重しようという制度ですから、生前にその意思が変わった場合には、何らの理由なく、いつでも書き直すことができますし、前にした遺言を撤回することができます。そして、その撤回権を放棄することはできません。つまり、遺言に「この遺言は今後絶対に取り消さない」と書いていても、そのような記載には効力がなく、自由に撤回することができます。

　遺言の撤回をするときには、その旨の遺言書を作成するのが一般的です（撤回遺言による撤回）。その際、撤回の対象となった遺言と同一の方式による必要はなく、例えば、公正証書遺言を自筆証書遺言の方式で撤回することや、その逆も可能です。遺言の内容としては、「遺言者は、平成○年○月○日付で作成した自筆証書遺言を全部撤回する」といった条項を盛り込むことになるでしょう。

　ここで注意したいのは、撤回遺言も遺言ですから、後の質問で出てくる遺言の種類（自筆証書遺言、公正証書遺言、秘密証書遺言、及び特別方式4種類の計7種類）に応じて、法律に定める方式に従って作

成することが必要になる点です。撤回遺言が遺言の方式を満たしていないと、撤回が認められないことにもなりかねません。

【2】遺言書を作成した後の抵触行為について

遺言の撤回は、必ずしも「前にした遺言を撤回する」という内容の遺言を作成しなければならないわけではありません。遺言書を作成した後に、その内容に抵触する行為があった場合には、その抵触する部分については、遺言書の内容が撤回されたとみなされます。これは、抵触する行為をした遺言者の意思を合理的に解釈すれば、前の遺言の効力の存続を望まないことが明らかであるといえるからです。

以下、具体的に説明します。

①抵触遺言

前にした遺言と抵触する内容の遺言がなされた場合には、その抵触する部分については撤回があったものとみなされます。前述した撤回遺言による撤回と似ていますが、抵触遺言の場合には、条項中に「撤回する」という文言がなくても、また、遺言者が前にした遺言の内容を忘れていたような場合でも撤回の効力が生じます。

例えば、前の遺言で「甲不動産をAに遺贈する」としておきながら、後日、「甲不動産をBに遺贈する」との遺言を作成した場合には、Aへの遺贈は撤回されたものとみなされます。後の遺言の際に、「Aへの遺贈を撤回する」と書く必要はありません。

後の遺言について、遺言の方式を満たしている必要があることは撤回遺言と同様です。

②抵触する生前処分

遺言者が遺言をした後に、その遺言の内容に抵触するような行為をした場合には、その抵触する部分についての遺言書の記載は撤回されたものとみなされます。例えば、遺贈の目的物を第三者に売却した、というような場合です。

また、抵触する行為には身分行為も含まれるとされており、裁判例

には、遺言者が、妻に財産を相続させる旨の遺言をした後に協議離婚した場合や、終生扶養を受ける前提で養子縁組をし、財産を養子に遺贈する旨の遺言をした後に協議離縁をして、かつ、事実上も扶養を受けないことにした場合に遺言の撤回を認めたものがあります。

③遺言書または遺贈の目的物の破棄

遺言者が故意に（わざと）遺言書や遺贈の目的物を破棄した場合には、その破棄した部分について遺言が撤回されたものとみなされます。

遺言書の破棄とは、通常は、遺言書を捨てたり、切断したり、文字を塗りつぶしたりして、内容を識別することができないようにすることをいいますが、最高裁判例は、遺言者が、自筆証書遺言の文面全体の左上から右下にかけて赤色ボールペンで斜線を引いたという事案において、なお元の文字が判読できる場合であっても、その行為の一般的意味に照らすと、遺言書全体を不要とし、かつ、遺言全ての効力を失わせる意思の表れとみるのが相当であるとして、「故意に遺言書を破棄したとき」に該当するとしました。

遺贈の目的物の破棄とは、例えば、遺贈の目的になっている建物を取り壊したような場合です。

【3】撤回された遺言の復活

遺言を撤回する行為が撤回され、またはその他の理由によって効力が生じなくなった場合でも、それが詐欺や強迫によって撤回行為が取り消された場合を除き、もとの遺言は、その効力を回復しません。これは、もとの遺言の効力の回復をさせないのが、遺言者の真意にかなう場合が多いと考えられることと、また、回復を求めるのであれば、新たにその旨の遺言をすれば足りることからです。

しかし、最高裁判例は、遺言者が、撤回遺言をさらに遺言の方式に従って撤回した場合、遺言書の記載に照らし、遺言者の意思がもとの遺言の復活を希望するものであることが明らかなときは、もとの遺言の効力の復活を認めるのが相当であるとしています。

【4】本件について

　相談者は、一度作成した遺言書を自由に書き直す（撤回する）ことができます。よって、長男に自宅を相続させるという内容の遺言を撤回する旨の遺言（撤回遺言）、または、次男に自宅を相続させるとの内容の遺言（抵触遺言）をすれば、長男に自宅を相続させるという内容の遺言は撤回されたものとみなされます。

　また、相談者が生前に自宅を処分することは自由ですから、次男に自宅を贈与すれば、「抵触する生前処分」に該当するため、長男に自宅を相続させるという内容の遺言は撤回されたものとみなされます。

【関連法規】民法1022条から1026条
【関連判例】最判昭和56・11・13民集35巻8号1251頁、最判平成9・11・13民集51巻10号4144頁、東京地判平成22・10・4（民集未掲載）、最判平成27・11・20民集69巻7号2021頁
【参考文献】
・高橋朋子ほか著「有斐閣アルマ　親族・相続」（有斐閣、平成19年、第2版）371〜373頁
・東京弁護士会相続・遺言研究部編「新・青林法律相談29　遺産分割・遺言の法律相談」（青林書院、平成23年）334〜338頁
・遺言・相続リーガルネットワーク編「遺言条項例278＆ケース別文例集」（日本加除出版、平成24年）217頁

23 遺言能力

Q ①父が遺言書を作成しようとしているのですが、遺言書は誰でも作ることができるのでしょうか。

②父に視覚機能障害がある場合、遺言書を作成することはできないのでしょうか。

また、言語機能障害や聴覚機能障害がある場合はどうでしょうか。

③父も高齢になり認知症が進行して、1年前、後見開始の審判を受けました。父は遺言書を作成することはできないのでしょうか。

仮に、父が後見ではなく保佐開始の審判や補助開始の審判を受けていた場合であれば、遺言書の作成に関して何か違いがあるのでしょうか。

A 【1】遺言書を作成できる者

遺言を作成するには、民法上遺言能力が必要とされており、法律上は、満15歳になった者は遺言を作成することができますとされています。

もっとも、遺言をする時に判断能力（法律上は「意思能力」といいます）がなければならないと規定されています。そのため、判断能力がない状態で遺言を作成しても、その遺言は無効となります。

したがって、ご質問の方のお父様は判断能力に問題がなければ有効に遺言書を作成することができ、判断能力がない場合には、遺言を作成することができない、ということになります。

【2】視覚機能障害、言語障害、聴覚障害のある場合

①お父様に視覚機能障害がある場合

普通方式の遺言には、自筆証書遺言、公正証書遺言および秘密証書

遺言があります（Q21〜23参照）。

ア）このうち、自筆証書遺言は、遺言者が遺言書の全文を「自書」しなければなりません。ここで、遺言者が文字を知り、かつ、これを筆記する能力を自書能力と言います。

　視覚障害のある方でも、自分で字が書ける場合であって、遺言書の全てを自書した場合には、仮に筆記について他人による添え手程度の助けを借りたときであれば、遺言は有効に成立すると言われています。

　他方、字が書けないため、タイプライター、ワープロ、点字機によって遺言書を作成した場合には、「自書」とはいえないので、その遺言書は無効となります。

イ）公正証書遺言は、遺言者が遺言の内容を口頭で公証人に伝え、公証人がこれを筆記し、公証人がその内容を遺言者に読み聞かせ、または閲覧させることで内容を遺言者に確認してもらうことにより作成されます。そのため、視覚障害のある方でも、遺言の内容を公証人に口頭で伝え、また公証人から遺言の内容を聞いて、内容を確認する能力があれば、遺言書は有効に作成することができます。

ウ）秘密証書遺言は、公証人１人および証人２人の前に封印した遺言書を提出して、遺言の存在は明らかにしながら、内容を秘密にして遺言書を保管することができる方式の遺言です。この場合、遺言者は、公証人１人および証人２人の前に封印をした遺言書を提出して、自己の遺言書である旨と、その筆者の氏名・住所を述べなければなりません。

　この場合、封印した遺言書には遺言者の署名・押印が必要ですが、それ以外の記載には特に法律上の制限がありません。そのため、視覚障害がある方が、全文を自書される場合はもちろん、タイプライター、ワープロ、点字機によって本文を作成されても、また他人に書いてもらっても、遺言能力があれば、これは有効なものとなりま

す。

②お父様に言語障害・聴覚障害がある場合

ア）まず、自筆証書遺言は、前述の通り、自書能力があれば有効に遺言を作成できますので、言語障害がある方でも、聴覚障害がある方でも有効に遺言は作成できます。

イ）公正証書遺言は、作成につき、前述の通り、遺言者は遺言の内容を口頭で伝えなければなりませんが、遺言者が言語機能障害者の場合には、口頭で伝える代わりに通訳人の通訳（手話通訳等）により申述し、または筆談により遺言の趣旨を公証人に伝えることが認められています。

　また、公証人は、筆記した遺言の内容を遺言者に読み聞かせなければなりませんが、遺言者が聴覚障害者の場合、通訳人の通訳により、または作成した文章を見せることにより遺言者に内容の確認をさせることが認められています。

　この方式により、言語機能障害者、聴覚障害者であっても有効に公正証書遺言を作成することができます。

ウ）秘密証書遺言の場合、公証人と証人に提出する封印をした遺言書の本文は自書であっても、タイプライター、ワープロ、点字機であっても有効に作成できますので、聴覚障害、言語機能障害のある方でも遺言能力があれば有効に作成することができます。

　この場合、遺言者は封印をした遺言書を公証人と証人の前に提出して、その遺言書は、遺言者が作成したものであることと、その筆者の住所・氏名を申述しなければなりません。

　聴覚障害者であっても、これらの申述ができれば秘密証書遺言は有効に作成されます。

　言語機能障害がある場合は、遺言者は公証人および証人の前で、自己の遺言書である旨とその筆者の氏名・住所を通訳人の通訳により申述するか、封印をした封筒（封紙）に自書することで有効に秘密

証書遺言を作成することができます。

【3】判断能力に問題がある場合

①お父様が後見開始の審判を受けた場合

判断能力が常にない者に対して後見開始の審判はなされます。そのため、後見開始の審判を受けた者（成年被後見人）は、原則として判断能力がないので、遺言書を作成しても、有効なものとは判断されません。

もっとも、成年被後見人が判断能力を一時的に回復した時に遺言をする場合には、医師2名の立ち会いがあれば、有効に遺言書を作成できます。

ただし、成年被後見人が遺言を作成する場合、後見が終了する前に、後見人またはその配偶者若しくはその子どもなどに対して利益となる遺言をしたときは、その遺言は無効になると規定されていますので注意が必要です。もっとも、その後見人が遺言者の直系血族、配偶者または兄弟姉妹であった場合には、後見人に利益となる遺言も有効となります。

②お父様が保佐開始の審判・補助開始の審判を受けた場合

判断能力が低下した場合、その者の低下した判断能力を補うため、保佐開始の審判・補助開始の審判がなされることがあります。その場合、一定の行為について保佐人、補助人の同意が必要となることがあります。そして、同意がない場合にはその行為は保佐人・補助人によって取り消されます。

法律上、被保佐人・被補助人が遺言書を作成する場合は、保佐人、補助人の同意は必要とされないこととされています。そのため、被保佐人・被補助人は有効に遺言書を作成することができます。

【関連法規】民法第7条、同第961条から第963条、同第966条、同第968条から第970条、同第972条から第973条

24 自筆証書遺言

Q 遺言は、どのようにして作るのですか。作成する上で注意すべきことはありますか。また、他の方式の遺言と比べて、自筆遺言証書の長所・短所は何ですか。

A 【1】自筆証書遺言とは

　　自筆証書遺言は、遺言者の真意を確保し、偽造、変造を防止するため、すべて自筆で作成することを求めています。そして、民法は、厳格な遺言の方式を規定しその方式を満たさない場合には遺言を無効とします。自筆証書遺言の場合は、遺言の全文、日付及び氏名を自書し、これに印を押す必要があります。

【2】自書とは

　自書とは、文字通り自分で書くことです。したがって、パソコンなどによって作成することや代筆させることはできません。判例においては、カーボン複写を用いた遺言は自書の要件に欠けることなく有効です。自書する場合に他人の助けを借りる程度で、他人の意思が介入したと認められないことが筆跡上判定できる場合は、自書の要件を満たし有効です。

【3】相続財産目録についての自書の要件の緩和

　相続法改正により、平成３１年１月１３日から、自筆証書遺言の自書を一部緩和する改正が施行されました。

　民法第968条２項は、「前項の規定にかかわらず、自筆証書とこれと一体のものとして相続財産（第997条１項に規定する場合における同項に規定する権利を含む。）の全部又は一部の目録を添付する場合には、その目録については、自書することを要しない。この場合において、遺

言者は、その目録の毎葉（自書によらない記載がその両面にある場合にあっては、その両面）に署名し、印をおさなければならない。」と改正し、自書を相続財産目録に関して、不要としました。ただし、その目録の毎葉に遺言者の署名及び押印を要求し、特に自書によらない記載が両面に及ぶ場合についてはその両面に遺言者の署名押印を要求することで、偽造を防止することにしました。これにより、相続財産目録に関しては、遺言者以外の代筆、パソコンなどによる作成、不動産登記事項証明書、預金通帳の写しなどを添付することが可能となりました。

【4】日付の記載

　日付は、遺言作成時の遺言作成者の遺言能力の有無、内容の抵触する複数の遺言がある場合にその先後関係を明らかにして撤回の有無の判断するために、自書して記載することが必要です。日付がない場合も、遺言は無効となります。日付は年月日を明らかにして記載して下

さい。年月日が明らかになればよいので、西暦でも、元号でもかまいません。また、月日も、例えば、自分の誕生日としてもよいです。ただし、平成25年４月吉日という記載は日付の特定を欠くので無効です。日付の記載場所は、本文を記載して署名の前に記載されるのが通常です。ただ、裁判例として、遺言の全文、氏名を自書して押印したものを封筒に入れ封印（本文の印と同じもの）し、封筒に日付を自書した場合も有効としたものがありますが、争いにならないためにも、氏名の前に日付をいれることをお勧めします。

【5】氏名の記載

氏名は、遺言者と同一性を確認することができれば足りますので、雅号などでもよいです。判例では、名のみの記載であっても、遺言の他の記載内容から遺言者の同一性が分かる場合には、有効としています。ただ、争いになりますので、署名は、戸籍上の氏名を正確に記載して下さい。

【6】押印

押印は、遺言者の同一性及び遺言者の意思に基づくことを担保するためですので、原則として遺言者自身で押印して下さい。使用する印は格別制限ありません。判例は指印も有効としていますが、後の争いを防止するため、実印が望ましいです。ただ、遺言者の指示で他の者が押印した場合に有効とする判例もありますが、自分で押印することが後の争いを防止します。

【7】自筆証書遺言の長所・短所

①長所

自筆証書遺言の長所は、他の遺言の要式と異なり、簡易な点にあります。相続法改正により、相続財産目録に自書を要求しなくなったことから、ますます簡易性が向上しました。

②短所

自筆証書遺言の短所は、上記のように、相続財産目録の点について

自書が緩和されたものの厳格な要式であることは変わりなく、要式通り遺言を作成するのが困難であり、無効や紛争になりやすい点です。

自筆証書遺言の保管制度の新設

今まで、短所として、自筆証書遺言においては、遺言者が、他の遺言と異なり、遺言書を書いたかどうか明らかでなく、遺言書の存在が不明となる事態があることが指摘されていました。しかし、この点について、平成30年7月6日に「法務局における遺言書の保管等に関する法律」（以下「法」と言います）が成立しました。これは、民法第968条に定める自筆証書遺言にかかる遺言書のみを遺言書保管所で遺言書保管官が取り扱います。遺言書の保管申請は、申請者の住所若しくは本籍地又は遺言者が所有する不動産の所在地を管轄する遺言書保管所の遺言書保管官に対して、一定の事項を記載した申請書を添えて、申請者自ら出頭して行います。その後、遺言書保管者が、遺言書の原本及びその画像情報等の遺言書にかかる情報を管理します。遺言者は、遺言書が保管されている遺言書保管所の遺言保管官に対して、自ら出頭した上で、いつでも遺言書の閲覧請求ができます。遺言者は、遺言書を保管している遺言書保管所の遺言書保管官に対し、いつでも保管申請を撤回できます。この場合は、遺言書保管官は、遅滞なく、遺言書の返還及びその情報を消去する必要があります。そして、何人も、遺言書保管官に対し、特定の死亡している者について、請求者が相続人、受遺者等となっている遺言書が遺言書保管所に保管されているかどうか、保管されている場合に遺言保管事実証明書の交付を請求できます。相続人、受遺者等は、遺言書保管ファイルに記録されている事項を証明した書面の交付を請求出来ます。

これにより、今まで、短所として、指摘されていた自筆証書遺言を一定の限度で、その遺言書の存在が不明となる事態を防止するための制度が新設されました。自筆証書遺言も、法改正により、利便性が向上していますが、その利用については、厳格な要式などありますので、

弁護士にご相談することをお勧めします。

【関連法規】民法第968条1項・2項　法務局における遺言書の保管等に関する法律第1条ないし10条

【関連判例】最判平5・10・19判時1477・52、最判昭62・10・8判時1258・64、札幌高決平14・4・26家庭裁判所月報54・10・54、東京高判昭59・3・22判時1115・103、最判昭54・5・31判時930・64、福岡高判昭27・2・27高民5・2・70、大判大4・7・3民録21・1176、最判平1・2・16判時1306・3、大判昭6・7・10民集10・10・736

25 公正証書遺言

Q 公正証書遺言は、どのようにして作るのですか。他の方式の遺言と比べて、公正証書遺言の長所・短所は何ですか。

A 【1】公正証書遺言とは

公正証書遺言とは、公証人が法律で定める方式に従って作成する遺言です。

公正証書遺言は、次の方式に従って作成されます。

①証人2人以上が立会う。

②遺言者が遺言の趣旨を公証人に口授する（口頭で述べる）。

③公証人が、遺言者の口授を筆記し、これを遺言者及び証人に読み聞かせ、又は閲覧させる。

④遺言者及び証人が、筆記の正確なことを承認した後、各自これに署名し、印を押す。ただし、遺言者が署名することができない場合は、公証人がその事由を付記して、署名に代えることができる。

⑤公証人が、その証書が①から④の方式に従って作成したものである旨を付記して、これに署名し、印を押す。

【2】公正証書遺言の作成方法

公正証書遺言は、原則として公証人役場で作成しますが、例外的に、遺言者の身体が不自由であったり、病気等のために公証人役場に行くことが困難な場合には、公証人が、遺言者の自宅や病院等に出張して遺言書を作成することもできます。

そして、公正証書遺言を作成するにあたり、通常、以下のような書類が必要となります。

①遺言者本人の印鑑登録証明書

②遺言者と相続人との続柄がわかる戸籍謄本

③財産を相続人以外の人に遺贈する場合には、その人の住民票

④遺産に不動産が含まれる場合には、その登記簿謄本及び固定資産の
　評価証明など

　なお、これらの他にも書類が必要となる場合がありますので、事前
に公証人役場で確認するのがよいでしょう。

　また、公正証書遺言を作成する際には、証人２人の立会いが必要と
なりますが、未成年者、推定相続人・受遺者とそれぞれの配偶者など
一定の範囲の利害関係人は証人にはなれませんので、これらに当たら
ない人に証人を依頼しましょう。なお、適当な人がいない場合は、公
証人役場に相談してみるのもよいでしょう。

　いずれの場合でも、遺言内容の確認や必要書類の準備、作成手数料
の確認などのために、事前に公証人との打合せを行っておいた方がよ
いでしょう。

【3】公正証書遺言の長所・短所

　公正証書遺言の長所としては、以下のことが挙げられます。

　まず、公正証書遺言は、公証人が関与して作成されますので、自筆証書遺言のように法定の方式を誤って遺言が無効になるということはほとんどありませんし、公証人が遺言者の遺言能力を確認しますので、後に遺言能力について紛争が生じる可能性は、自筆証書遺言の場合に比べれば低いと言えるでしょう。

　また、公正証書遺言は、作成後、公証人役場に原本が保管されますので、偽造、変造のおそれや、隠匿、紛失のおそれもありません。また、相続人などの亡くなった人と利害関係を有する人は、公証人役場において、亡くなった人が公正証書遺言を作成していたのかどうかを検索することができますので、相続人が公正証書遺言の有無を調べてくれれば必ず相続人に発見してもらえます。

　さらに、公正証書遺言は、家庭裁判所で検認の手続を経る必要がありません。

　これに対して、公正証書遺言の短所としては、公正証書遺言の作成にあたり、証人が立ち会いますので、遺言の内容が証人に知られ、さらには証人を通じて利害関係者に知られてしまうおそれがあります。また、公正証書遺言の作成には一定の手数料がかかることや、必要書類の準備、証人の確保などの手間がかかることが挙げられます。

【関連法規】民法第969条、同第974条、同第1004条第2項

26 秘密証書遺言

Q ①秘密証書遺言は、どのようにして作るのですか。作成する上で注意すべきことはありますか
②他の方式の遺言と比べて秘密証書遺言の長所・短所は何ですか。
③特別方式の遺言とは、どのようなものですか。

A 【1】秘密証書遺言とは

秘密証書遺言とは、遺言の「内容」を秘密にしたまま、その「存在」を公証人に証明してもらう遺言のことです。

秘密証書によって遺言をする場合に注意すべきことは、法によって決められた方式に従わなければならないということです。

まず遺言する人が遺言書を作成して署名押印します。遺言者が遺言書を封筒に入れて封印し、これを公証人のところに持参し、証人2人とともに公証人の面前で、自分の遺言であることなどを申述します。公証人はその遺言書が提出された日付および遺言者の申述を封紙に記載した後、遺言者および証人とともにこれに署名し、印を押します。これによって遺言書が存在することが公に証明されます。

秘密証書遺言の作成手続きにおいては、内容について公証人は関与しませんので、遺言書の内容が他人に知られることはありません。また公証人が公証するため、遺言書が本物かどうかといった争いは起こりません。

【2】秘密証書遺言の長所と短所

①秘密証書遺言の長所

秘密証書遺言は、公正証書遺言と同様に、法律の専門家（公証人）が関与することで、他人による偽造・改ざんのおそれをなくすことが

できます。そして、遺言の存在を明確にしつつ、その内容を他人に秘密にできる点で、公正証書遺言とは異なる長所があります。

遺言書は、自分で署名押印さえすればよいので、自筆証書遺言と違って、財産目録以外もパソコンを使ったりまたは代筆してもらったりしてもかまいません。ただし、遺言が何らかの理由により秘密証書遺言と認められなくても、自筆証書遺言の条件を満たしていれば、有効な自筆証書遺言として認められる（無効行為の転換）ので、なるべく自筆で書くことがよいでしょう。

②秘密証書遺言の短所

一方で、秘密証書による遺言の短所としては、まず、自筆証書遺言や公正証書遺言に比べて手続が煩雑なことが挙げられます。また、公正証書遺言とは異なり、公証人は遺言の内容については関与しませんので、遺言としての要件が欠けており無効となってしまう危険性がないとはいえません。どうしても遺言の内容を秘密にしたい場合でなければ、公正証書遺言を選択した方が良いでしょう。あるいは、内容の考案に当たっては、弁護士等の専門家に相談することをお勧めします。

作成された遺言書は、自筆証書遺言と同じく、遺言者の責任で保管することになります。そのため、紛失や滅失、発見されないなどの心配があります。また、公正証書遺言とは異なり、遺言者がなくなったときに、家庭裁判所に届け出て検認手続を受けなければなりません。

【3】特別方式の遺言とは

民法は、自筆証書遺言、公正証書遺言、秘密証書遺言（これらを普通方式による遺言といいます）のほかに、特別方式による遺言を認めています。

特別方式による遺言というのは、病気やその他の事情によって死期がさし迫っている状況にある場合（危急時遺言）および伝染病を患い病院で隔離されている場合や船舶内などの一般社会から隔絶されている場合（隔絶地遺言）に、それぞれの状況に応じて法律の定める方式

で遺言をすることをいいます。

　特別方式の遺言は、死期が差し迫っている場合などのやむを得ない状況で行うことが認められている特別に認められた略式の方法であるため、遺言者が普通の方式で遺言を行うことができるようになってから6ヵ月間生存した場合には特別の方式による遺言の効力はなくなります。

　特別方式による遺言には、次のような種類があります。いずれも簡略な方式で遺言することができます。

①危急時遺言

○一般危急時遺言

　疾病その他の事由によって死亡の危急に迫っている者が遺言をしようとする場合です。

○船舶危急時遺言

　船舶遭難の場合において、船舶中に死亡の危急に迫った者が遺言をしようとする場合です。

②隔絶地遺言

○一般隔絶地遺言

　伝染病のために行政処分によって交通を断たれた場所にいる者が、遺言書を作ろうとする場合です。

○船舶隔絶地遺言

　船舶中にいる者が遺言書を作ろうとする場合です。

【関連法規】民法第967条、同第970条、同第971条から第974条、同第976条から第984条
【関連判例】最判平14・9・24　判時1800号31頁

27 財産の信託

Q ①遺言によって財産を信託することができると聞きましたが、「遺言信託」とはどのようなものですか。
②財産の信託によって、生前に受託者と信託契約を結んでおくこともできると聞きましたが、「遺言代用信託」とはどのようなものですか。

A 【1】信託とは

ご質問に回答する前提として、まず、「信託」という制度について説明します。

「信託」とは、特定の者が一定の目的に従い、財産の管理又は処分及びその他の当該目的の達成のために必要な行為をすべきものとすることをいう、とされています。具体的な例としては、Aさん（委託者）が自分の財産を信頼できるBさん（受託者）に譲渡するとともに、その財産を運用・管理することで得られる利益をCさん（受益者）に与える旨をAさんとBさんとの間で合意するような場合をいいます。そして、この合意により、Bさんは財産の所有権を取得しますが、その管理・処分はCさんの利益のために行わなければならない義務を負うことになります。

以上のように「信託」は委託者と受託者との間の契約により設定されるのが通例ですが、そのような「信託」を「遺言」によって設定することもでき、これを「遺言信託」といいます。「遺言信託」は、遺言の効力発生、すなわち、委託者である遺言者の死亡によって信託が成立し、効力が発生します。もっとも、いざ、委託者が死亡し、受託者が何もしないということも想定されます。これでは、受益者に不利益

が生じる可能性があります。そこで、このような状態を解消するために、法は、遺言に受託者となるべき者として指定された者に対し、相当の期間を定めて、その期間内に信託の引受けをするかどうかを確答すべき旨を催告することができるよう定めており（信託法5条1項）、その期間内に委託者の相続人（相続人が存在しない場合は、受益者又は信託管理人）に対し確答をしないときは、信託の引受けをしなかったものとみなされる（同法5条2項）、という定めになっています。

【2】遺言代用信託とは

　ご質問の「遺言代用信託」とは、信託法に定義はありませんが、委託者が生前に遺言の代わりに設定する信託のことをいいます。具体的な例の一つとして、高齢のAさん（委託者）が生前に、Bさんに（受託者）に財産を信託して、Aさんが生きている間は、Aさん本人が受益者となり、Aさん死亡時に委託者の妻であるCさんを受益者とする、といったものです。

　【1】で述べた「遺言信託」では、信託財産がAさん（委託者）の死亡後にBさん（受託者）に移転するので、遺言執行手続に絡んで利害関係人による紛争が起こりやすいとリスクがあります。このようなリスクを回避すべく、「遺言代用信託」は、Aさん（委託者）自らが生前にBさん（受託者）に財産を譲渡し、Aさん（委託者）死亡後におけるCさんへの財産承継を図ることが可能となります。

　なお、この「遺言代用信託」も遺留分侵害額請求の対象となることにご注意ください。

【関連法規】信託法第1条第1項、同第3条第2号、同第4条第1項、同第89条第1号第2号、同第90条、同第91条、民法1046条

28 遺言の記載と効力

Q 私もそろそろ老後のことを考える年齢になりました。友人からも遺言を書いておいた方がいいと勧められており、遺言の基本的な事項について知りたいと思っています。
①遺言には、どのようなことを記載することができますか。
②遺言に書いたことは、全て効力を有するのですか。

A 【1】遺言の記載内容

　遺言として記載されたことについて全て法的効力が認められるのではなく、法律で有効とされている事項（遺言事項）のみが法的効力を持ちます。

　遺言として法的効力がある主な内容事項は、大きく分けて次の6つです。

（1）法定相続に関すること

　①推定相続人の廃除及び排除の取消、②相続分の指定、③遺産分割の指定または禁止、④遺産分割の際の担保責任に関する別段の定め

（2）財産処分に関すること

　①包括遺贈・特定遺贈、②以下の事項についての別段の定め：受遺者の相続人の承認・放棄、遺言の効力発生前の受遺者の死亡、受遺者の果実取得権、遺贈の無効または失効の場合における目的財産の帰属、相続財産に属しない権利の遺贈における遺贈義務者の責任、第三者の権利の目的たる財産の遺贈、受遺者の負担付遺贈の放棄、負担付遺贈の受遺者の免責、③財団法人の寄付行為、④遺産の信託の設定

（3）遺言の執行・取消に関すること

　①遺言執行者の指定、②以下の事項についての別段の定め：遺言執

行者の復任権、共同遺言執行者、遺言執行者の報酬、③遺言の撤回

（4） 遺留分に関すること

　目的物の価額による遺贈の遺留分侵害額の負担に関する別段の定め

（5） 家族関係に関すること

　①遺言認知、②未成年後見人の指定、③未成年後見監督人の指定

（6） 法文に遺言による旨の定めはないが、遺言によってできると解釈されている事項

　①祭祀主宰者の指定、②特別受益の持戻しの免除、③保険金受取人死亡の場合の更なる受取人の指定

【2】効力を有する事項

　遺言として法的効力を有する事項は法律で定められていますので、それ以外の事項を遺言で記載しても、法的効力は有しないことになります。

　例えば、「死後、配偶者との婚姻関係を解消する」とか、養子との

「養子縁組を解消する」などといった婚姻や養子縁組に関する内容は認められません。また、連名による共同遺言も禁止されています。

　ただ、遺言として法的効力のある内容以外は書いてもむだだというわけではありません。遺言書を書くにあたっての心境や、相続についての考え方をはっきりと記しておくことは遺言を作成する上でとても大切なことです。「こう考えて、このような相続にした」と、相続の指定についての理由を述べたり、「家族仲良く助け合ってほしい」「兄弟仲良く暮らすように」など、残された家族への思いを記すことは、家族にとっては精神的に重要な意味を持ちますし、相続トラブルを防ぐためにも意味があります。

　また、葬式の方法、婚姻や縁組の指定、家族間の介護や扶養の方法、遺訓などを記載しても、それ自体としては法的効力は認められないのですが、相続人の自発的な受け入れがあれば、実現される可能性が出てくるわけです。

【関連法規】民法第893条、同第894条2項、同第902条、同第908条、同第914条、同第964条、同第988条、同第994条2項、同第992条、同第995条、同第997条、同第1000条、同第1002条2項、同第1003条、信託法第2条、民法第1006条1項、同第1016条1項、同第1017条、同第1018条、同第1022条、同第1034条、同第781条2項、同第839条、同第848条、同第897条、同第903条3項
【関連判例】東京高判平10・3・25・判例タイムズ129頁

29 遺言による認知・保険金受取人変更の可否

Q ①私には妻と子どもがいます。家族には隠してきたことですが、実は、私は妻以外の女性と交際していた時期があり、その女性との間に子どもを授かっています。これまでその子には苦労をかけてきましたので、私が死亡する際には、認知をし、その子にも私の財産を分けてやりたいと考えています。遺言によって認知をすることはできますか。

②私は、生命保険に入っており、加入時は生命保険金の受取人を長男と指定していましたが、現在は、私や妻の面倒をよく見てくれた次男に、生命保険金を受け取ってほしいと思っています。遺言によって生命保険金の受取人を変更することはできますか。

A 【1】遺言による認知

遺言によって認知をすることはできます。

確かに、あなたが、奥さん以外の女性との間のお子さんに財産を残すことだけを希望されるのであれば、遺言でそのお子さんに財産を譲ること（遺贈）を書いておけば足ります。

しかし、あなたがそのお子さんを法律上もあなたの子どもとしたいと希望されるのであれば、認知という手続が必要です。

あなたと奥さん以外の女性との間のお子さんは、そのままですと法律上はあなたの子どもではありません。認知をすることで初めて法律上あなたの子ども（非嫡出子）になるのです。

認知の方法は、戸籍法の規定にしたがって届出することとされていますが、遺言によってすることもできます。ただし、遺言を書く上でいくつか注意すべきポイントがあります。

まず、お子さんの母親が誰なのか、氏名や生年月日を明らかにしましょう。次に、認知したいお子さんの住所・氏名・生年月日・本籍・戸籍筆頭者も明らかにしましょう。これらが書かれていないと、お子さんの戸籍への記載の手続ができず、認知ができないおそれがあります。これらを明記した上で、「私の子どもとして認知する。」と書くとよいでしょう。

　また、遺言の中で、遺言を実行する人（遺言執行者）を指定しておくべきです。なぜなら、役場への届出などの実際の認知の手続は、あなたの死後、遺言執行者が行う必要があるからです。遺言執行者が指定されていない場合、あなたの死後、妻子など利害関係人が家庭裁判所に遺言執行者の選任を求めなければなりません。しかし、この手続が円滑に行われず、遺言の実行がうまく進まないケースが時々見かけられます。ご注意下さい。

　さらに、遺言で認知するだけですと、認知したお子さんは、あなたの奥さんやそのお子さんを相手に、誰がどの財産をもらうかを決めるための遺産分割協議をしなければならなくなります。そのような遺産分割協議をすることは認知するお子さんにとって精神的に大きな負担となることでしょう。ですから、遺言には、遺産分割協議をしなくてよいように、具体的にどの財産を相続させるかまで書いておくことをおすすめします。

【2】遺言による保険金受取人の変更

　遺言によって受取人を変更することができます。ただし、できれば今のうちに受取人を次男さんに変更しておくことをおすすめします。

　以前は、遺言によって生命保険の受取人を変更できるかどうかについては法律上の規定がなく、見解が分かれていました。

　しかし、平成22年4月に保険法が施行され、遺言によって受取人を変更することが法律で認められました。

　遺言で受取人を変更する場合、まず、対象となる保険契約を明らか

にすることが必要です。保険会社名、証書番号、現在の受取人（長男さん）、変更後の受取人（次男さん）などを明記しましょう。

　その上で、はっきりと「受取人を変更する。」と書いてください。「保険金を受け取らせる。」などと曖昧な書き方をすると、受取人を変更するという意味にならない可能性がありますのでご注意下さい。

　ところで、遺言で受取人を変更する場合、注意しなければいけないことがあります。それは、保険法が、相続人が保険会社に対して遺言によって受取人が変更されたことを通知しない限り、受取人の変更の効果が発生しないと定めていることです。つまり、あなたの死後、次男が保険会社に遺言の存在を知らせる前に、保険会社が長男さんに保険金を支払ってしまったら、次男さんは保険金を受け取れなくなるのです。

　また、遺言で受取人を変更した場合は、通常の生命保険金の支払の場合と比べて、保険金の支払までに時間がかかる可能性が高いと考えられます。

　このような問題がありますから、できれば遺言によるのではなく、今のうちに受取人を次男さんに変更することをおすすめします。あくまで遺言で受取人を変更することを希望されるのであれば、あらかじめ次男さんに遺言の内容を伝え、あなたの死後直ちに保険会社に連絡するよう依頼しておいて下さい。

【関連法規】　民法第781条第2項、保険法第73条第1項〜同第2項

30 遺言書の書き方

Q 私は、岡山で、3代続いた和菓子店を営んでおり、その店舗兼自宅に妻と2人で住んでおりました。妻に先立たれた後は、息子3人のうち、二男が自宅に帰ってきて、私の和菓子屋を継ごうと手伝ってくれています。

ちなみに、長男と三男は私と別居しており、それぞれサラリーマンをしています。

私が死亡した場合の法定相続人は、この息子3人になります。

①私の死後は、全ての財産を二男に渡したいと考えています。この場合、どういった遺言書を作成すればよいのでしょうか。また、何か注意すべき点はありますか。

②長男の元妻が、長男と別れた後も本当によく店を手伝ってくれており、なにかしら恩返しをしたいと考えています。どのような遺言書を作成すればよいのでしょうか。

③少なくとも、三男にだけは一切の財産を譲りたくありません。何か対処法はありませんか。

A 【1】法定相続人に対する遺言

相談者（遺言者）の死後、二男に全ての財産を渡すためには、「遺言者は、遺言者が有する全ての財産を、遺言者の二男○○（×年×月×日生）に相続させる。」という遺言書を作ります。本問のように、法定相続人に財産を渡す遺言を作成する場合、「相続させる」という表現を使うことが一般的です（こうすることで、店舗兼自宅について、二男が他者の意向に影響されることなく、単独で相続の登記手続をすることができるなどといったメリットがあります。）。

ただ、このように相続人の一人に全ての財産を相続させる内容の遺言書を作る場合、注意すべきことが主に2点あります。

　1点目は、他の相続人が、遺留分（いりゅうぶん）を有しているため、相談者の死後に兄弟間でトラブルが生じ得ることです。

　遺留分を簡単に説明すると、被相続人（本問では相談者兼遺言者）の意思に関係なく、被相続人の財産価値の一定割合を、一定の範囲の相続人が受け継ぐことを認める制度です（詳細は本書第6章をご参照ください。）。

　相談者が、二男に全財産を相続させる内容の遺言を残して死亡した場合、長男や三男の遺留分が侵害されていることになります。そのため、長男や三男は、二男に対し、遺留分侵害額請求というものすることができます。この請求がされた場合、二男は、長男や三男に対して、相続した財産価値の一定割合の支払をせざるを得なくなります（仮に、本件で二男が相続した財産価値が合計6000万円として、本件の相続関係（法定相続人が子3人）を前提に計算した場合、二男は、長男や三男に、それぞれ1000万円を支払わなければならなくなります。）。

　もし、相談者の財産に、和菓子屋の店舗兼自宅のほか、現金や預貯金などがある場合、長男や三男に対し、現金や預貯金を相続させる内容の遺言にして遺留分の侵害がないようにすれば、相談者の死後、兄弟間でのトラブルを回避することができます。

　ただ、和菓子屋の運営には運転資金が必要でしょうから、現金や預貯金が遺留分に達しない場合などは、3代続いた家業を二男に継がせる必要性や理由を遺言書に記載し、長男や三男に遺留分侵害額請求をしないように頼んでおくべきでしょう。相談者が生きている間に遺留分を放棄してもらえればより確実ですが、これには家庭裁判所の許可が必要となります。

　注意すべき2点目は、全ての財産を相続させる、とだけの遺言をする場合、上記の遺留分の問題のほか、遺言書だけでは、相談者（遺言

者）がどこにどのような財産を持っているのか、相続人がわからないという問題が生じ得ることです。そのため、相談者の生前に、相続人に対して相談者の財産の内容を教えておくとか、遺言書に主な財産の内容を具体的に記載しておくといった対応をしておくのが望ましいでしょう。

　ここで、遺言書に財産の内容を記載する場合、「特定」できるようにしておくべきです。ここでの「特定」は、ほかの財産と間違えることなく識別できるという意味であると考えてください。例えば、預金の場合、金融機関名、支店名、預金の種類、口座番号、名義人、相続させる金額といった内容を記載して「特定」することになります。ポイントは、事情を全く知らない人（例えば、金融機関の職員など、将来的に遺言の内容を実現するための手続に関わる人）が遺言の記載から、どの財産を指すか明確に判断できるようにする、という観点を持つことです。

【2】法定相続人以外の者に対する遺言

　長男の元妻のように、法定相続人でない、生前よくしてくれた人に何らかの恩返しをする場合は、相続人の遺留分を侵害しないように注意する必要があります。遺留分を無視された相続人は遺留分侵害額請求権を行使する可能性がありますから、トラブルは避けられません。トラブルを招くようでは恩返しになりません。

　本問では、遺言書に、「遺言者は、長男の元妻△△（×年×月×日生）に対し、下記の財産を遺贈（いぞう）する。」などとして、長男の元妻に渡したい財産を記載します（遺贈とは、遺言によって財産を渡すことを意味します。）。

　その上で、他の相続人の遺留分を侵害しないように、相続人には財産の一部を「相続させる。」とします。

　遺贈や相続させる財産については、必ず、具体的に「特定」できるようにしてください（小問1の末尾の説明を参考になさってください。）。

なお、長男の元妻にいくら遺贈するかは、事情によって異なるでしょう。長年の店に対する貢献に報いる場合には、賃金の補てんや退職金に相当する金額を意識して決めるでしょうし、元妻が未成年の子どもを育てている場合は生活保障を考えて判断することになるでしょう。

　それから、長男の元妻への遺贈条項に続いて、相続人の理解を得るために、元妻に遺贈をする理由を簡潔に説明しておくことがよいと思います。

【3】法定相続人に相続させたくない場合

　遺言書には、三男に遺産を「一切相続させない。」と記載します。そして、三男に財産を残さない理由を簡潔に説明しておくとよいでしょう。

　もっとも、三男は遺留分侵害額請求権を行使する可能性があります。そこで、これを防止するには、小問1で簡単に説明した遺留分放棄による対策が考えられます。しかし、本問のような場合には、相談者と三男の親子関係が悪化しているでしょうから、家庭裁判所の許可を必要とする遺留分放棄の手続に三男の協力を得ることは難しいと思います。

　ほかに、遺留分を有する三男を遺言で相続人から廃除してしまうという方法もありますが、それには要件が必要です。すなわち、廃除は、相続人が「被相続人に対して虐待をし、若しくはこれに重大な侮辱を加えた」場合、又は相続人に「その他の著しい非行」があった場合のみ、認められるとされています。

　遺言による相続人の廃除は、例えば「遺言者の三男□□（×年×月×日生）は、平成〇年頃から平成〇年頃まで、遺言者に対し繰り返し暴行を加え、暴言を浴びせ、また遺言者の多額の金銭を無断で消費する等の虐待をしたことから、遺言者は三男を相続人から廃除する。」というように廃除の事由を具体的に記載します。

　このような遺言は、遺言者の死亡によって効力を生じることになり

ます。その場合、遺言執行者という立場の者が、家庭裁判所に廃除の審判を請求しなければならないとされています。そのため、遺言によって、信頼できる人を遺言執行者に指定しておくべきでしょう（指定されていなければ、利害関係人（相続人など）が家庭裁判所に遺言執行者の選任を求めることになります。）。

　なお、裁判所は、廃除を認めることに慎重であるといわれています。廃除の手続は、遺言者の死後の話になりますから、遺言者の生前に排除のための証拠をしっかり残しておく必要があるでしょう。

【4】まとめ

　以上に触れてきたように、遺言を作るにも考えなければならない問題がありますし、作ったとしても、自分の思い通りに実現されるとは限らない場合があります。遺言についてわからないことが生じたら、専門家に相談されることをお勧めいたします。

【関連法規】民法第1042条、同第1049条1項、同第892条、同第893条、同第1010条
【関連判例】最判平成3・4・19民集45巻4号477頁

第5章

遺言の執行

31 遺言の開封、遺言執行者

Q ①先日、父が亡くなり、父の遺品を整理していたところ、机の引き出しから「遺言書」と書かれて、封がされている封筒が見つかりました。内容を確かめるために私が開封しても問題はないでしょうか。
②父の遺言書の中身を、検認手続を経て確認したところ、遺言執行者として弁護士の名前が書かれていました。遺言執行者とは何をする人ですか。

A 【1】遺言の開封

　自筆証書遺言の場合、法律では、遺言の保管者は、相続の開始を知った後、遅滞なく、これを家庭裁判所に提出して、その検認を請求しなければならないと規定されています。また、遺言書の保管者がいない場合には、相続人が遺言書を発見した後、遅滞なく、当該遺言書を家庭裁判所に提出して、検認を請求しなければならないと規定されています（ただし、法務局による遺言書の保管制度を利用している場合は検認不要です。詳しくはQ21をご参照ください。）。

　ご質問の遺言書は、お父様が自筆で作成された遺言、つまり「自筆証書遺言」であると思われます。そして、机の引き出しから見つかったということですので、特にお父様の遺言書の保管者がおらず、相続人であるあなたが遺言書を発見したのでしょう。この場合、あなたは、お父様の遺言書を家庭裁判所に提出して、検認を請求する必要があります。

　問題は、あなたが封を破って遺言の内容を確認してから家庭裁判所に提出することができるかどうかです。

この点、法律では、封印されている遺言書は、家庭裁判所において相続人又はその代理人の立ち会いがなければ、開封することができないと規定されています。封筒の中身を確認したいとのお気持ちも分かりますが、封筒に「遺言書」と書かれている以上、中身はお父様の遺言書であると推認できますから、開封しないまま家庭裁判所に提出し、検認手続を請求してください。

　仮に、検認手続の請求を怠ったり、検認手続外において封印された遺言書を開封してしまったりした場合には、5万円以下の過料に処せられることがありますので、気をつけましょう。

　なお、検認とは、裁判所が遺言書そのものの態様を確認する手続で、遺言の内容や有効性などを判断するものではありません。実際の検認手続としては、お父様の生前の最後の住所地を管轄する家庭裁判所において、裁判所が指定する検認期日（検認を行う日のことです）に、相続人らが呼び出され、相続人らの立ち会いの下で裁判官が遺言書を開封し、遺言の方式や状態を確認して現状を明確にすることになります。ただし、遺言の執行をするためには、検認手続を経るだけでは足らず、遺言書に検認済証明書が付いていることが必要ですので、家庭裁判所に対して検認済証明書の申請をしてください。

　これまでは自筆証書遺言であることを前提に説明しましたが、公正証書遺言の場合には、このような検認手続は不要です。

【2】遺言執行者とは

　検認手続を経て遺言書の内容が確認されても、お父様はすでに亡くなっており、遺言の内容を記載の通りに実現する手続を行うことはできません。そのため、遺言をした方に代わって、遺言の内容を実現させる、つまり遺言を執行する者が必要となります。遺言者に代わって遺言を執行する役割を果たすのが、遺言執行者です。

　相続法改正により、遺言執行者は、「遺言の内容を実現するため」、相続財産の管理や遺言の執行に必要な権利義務を有することが明記され

ました。遺言執行者が就職を承諾した場合には、直ちに任務を開始しなければなりません。そして、遺言執行者が任務を開始したときには、遅滞なく、遺言の内容を相続人に通知することが義務化されました。

　相続手続きにおける遺言執行者の権限は、とても強いものです。遺言執行者がある場合には、相続人であっても、相続財産の処分や遺言の執行を妨げるような行為をすることはできません。相続法改正により、遺言執行者がいる場合に、相続人が相続財産について処分行為あるいは遺言の執行を妨げるような行為をしてしまうと、その行為は、原則として無効であることが明文化されました。

　これまで、遺言執行者は、やむを得ない事由がなければ、第三者にその任務を行わせることができないとされていました。しかし、相続財産や遺言執行事務が多様化・複雑化している昨今の状況を踏まえ、相続法改正では、遺言執行者は、自己の責任で、第三者にその任務を行わせること（復任といいます）が可能となりました。ただし、遺言者が遺言において復任を許さない意思表示をしていた場合には、遺言執行者自身がその任務を行わなければなりません。ここで「自己の責任で」というのは、第三者が遺言執行事務を行うにあたり生じるリスクを、遺言執行者自身が負うことを意味します。これに対し、遺言執行者が、やむを得ず、第三者に任務を行わせる場合には、遺言執行者が負う責任は、第三者の選任及び監督についての責任に限定されます。

　なお、遺言執行者には、未成年者や破産者はなることはできませんが、その他には資格や条件はありません。弁護士に限らず、親族や相続人でも遺言執行者になることができます。遺言において遺言執行者の定めがなく、遺言内容の実現のために遺言執行者が必要である場合には、相続人その他の利害関係人が、家庭裁判所に対して遺言執行者の選任を請求することができますから、必要があれば、家庭裁判所に対して遺言執行者の選任の申立をしてください。

【関連法規】民法第1004条〜第1021条、家事事件手続法第209条〜第215条
【参考判例】最判昭62・4・23民集41巻3号474頁・判時1236号72頁

32 遺言執行者を指定していなかった場合の手続きの流れ

Q 遺言書で遺言執行者を指定していなかった場合、遺言の内容はどのような手続で執行されるのですか。

A 遺言の内容には、その内容を実現するために何らかの手続を必要とするものと、何らの手続を必要としないものがあります。遺言の内容を実現するために手続を行うことを遺言の執行といい、認知や相続人の廃除といった遺言執行者でなければできない手続と、遺言執行者がなくても相続人で行うことができる手続があります。

では、遺言書で遺言執行者が指定されていなかった場合、遺言の内容はどのような手続で執行されるのでしょうか。

一つ目が、家庭裁判所に遺言執行者の選任を申し立て、裁判所が選任した遺言執行者が執行する方法です。遺言執行者がいない場合には、利害関係人（相続人、受遺者など）は、家庭裁判所に遺言執行者の選任を請求することができます。遺言書で遺言執行者が指定されていないけれども、遺言執行者でなければできないことが遺言書に記載されている場合、遺言を執行するためにはこの方法による必要があります。また、遺言執行者でなければできないことが遺言書に書かれていない場合でも、遺言執行者の選任申立は可能です（ただし、遺言執行者による執行の余地が全くない場合には、申立は却下されます）。家庭裁判所によって遺言執行者が選任された場合には、相続人は遺産の処分等の遺言執行を妨げるような行為を行うことができず（仮に行ったとしても原則として無効となりますが、平成30年改正により、善意の第三者に対抗できない旨が定められました。）、遺言執行者が相続人に代わって必要な諸手続を行い、遺言を執行していくことになります。

二つ目は、遺言執行者なしで遺言を執行する方法です。例えば、被相続人Ａが「自宅の甲不動産は同居している妻のＢに相続させる。乙不動産は社会福祉法人Ｃに遺贈する。丙銀行の普通預金は別居している子のＤとＥに半分ずつ相続させる。丁銀行の普通預金は生前世話になった知人のＦに遺贈する。自宅に保管してある絵画はＧ美術館に遺贈する。」という内容の遺言書を残して死亡したとします（相続人はＡ、Ｄ、Ｅの３名）。このときの具体的な手続を考えてみます。

　まず甲不動産について、従来「相続させる遺言」と呼ばれていた、特定の遺産を特定の相続人に承継させる旨の遺言は、平成30年改正で「特定財産承継遺言」と名付けられましたが、最高裁の判例は「相続させる遺言」について、遺産分割方法を定めるものであり、特段の事情のない限り、何らの行為を要さず、被相続人の死亡の時に直ちに当該遺産が当該相続人に相続により承継される、ということを述べています。つまり、Ａ死亡時に当然に甲不動産の所有権がＡからＢに移転することになります。甲不動産の登記名義をＡからＢに移す場合、Ｂは単独で（他の相続人であるＤとＥの関与なしで）法務局に対し登記手続を行うことができます。なお、従来、「相続させる遺言」には対抗要件が不要とされていましたので、もし、Ｂが甲不動産の登記手続を行う前にＤが自己の法定相続分４分の１の相続登記を行い、その上で第三者Ｘに当該４分の１の持分を売却してＸがその旨の登記を経た場合でも、ＢはＸに対して甲不動産全部の権利を主張することができました。しかし、平成30年改正で、自己の法定相続分を超える部分については対抗要件を要するものとされましたので（後述の遺贈の扱いと同じになりました。）、この場合、Ｂが、先に登記を得たＸに対し、Ｘ名義に登記された４分の１の持分の権利を主張することはできなくなりました。

　乙不動産については、Ａの相続人ではない者に財産を与える遺贈であり、遺贈の場合、登記名義をＡからＣに移すためには、登記権利者であるＣと、登記義務者である相続人Ｂ、Ｄ、Ｅの全員で、共同申請

をしなければなりません。仮に相続人のうち1人でも登記手続に協力しない者がいれば、共同申請で登記をすることはできませんので、この場合、Cは裁判を起こして登記手続を請求することになります。また、現に乙不動産を占有している者が任意に引き渡しをしない場合には、占有者に対して引き渡しを求める裁判も必要となります。

　なお、遺贈によるAからCへの所有権移転登記が行われる前に、Dが法定相続分に基づく相続登記を経て、自己の持分4分の1を第三者Yに売却して、Yが登記名義を得た場合、Cは遺贈による所有権取得を、先に登記を得たYに対抗することができませんので、注意が必要です。

　丙銀行の普通預金はどうでしょうか。上記の最高裁判例からすると、Aの死亡と同時にAの預金は半分ずつDとEに当然に帰属することになり、D及びEはそれぞれ、単独で丙銀行に対し預金の各2分の1の払い戻しを請求することができることになりそうです（なおこの場合も、法定相続分を超える部分については対抗要件（債務者への通知）が必要とされました。）。しかしながら、銀行は、遺言書が無効である可能性や、相続人間の紛争に巻き込まれることなどを懸念して、相続人が単独で遺産である預金の払い戻し請求を行った場合、相続人全員の承諾書や印鑑証明書等の提出を求めることがあります。その場合、相続人のうち1人でも協力しない者がいた場合には、丙銀行に対して裁判をして、払い戻しを求めざるを得ないことになります。

　Fが遺贈を受けたとして丁銀行の預金の払い戻しを求める場合にも、相続人全員の協力を得て、その旨の書面を銀行に提出して払い戻しを受けるか、そうでなければ、裁判手続によらざるをえません。

　最後に、動産である絵画については、遺贈の効力発生時に何らの行為を要せず、当然に受遺者であるGに権利が移転することになりますが、第三者に対抗するには対抗要件（動産の場合は引き渡し）を要します。具体的な遺言の執行としては、事実上絵画を保管しているBが、

遺贈を受けたＧに引き渡すことで執行されることになります。もしＢが絵画の引き渡しを拒んだ場合には、ＧはＢに対して裁判を起こし、絵画の所有権に基づき引き渡しを求めることができます。

【関連法規】民法第899条の2、同第1010条、同第1012条、同第1013条、同1014条、同第177条、同第178条、同第467条
【関連判例】最判平3・4・19民集45巻4号477頁・判時1384号24頁、最判昭39・3・6民集18巻3号437頁・判時369号20頁

33　問題のある遺言

Q ①先日、父が亡くなったのですが、自筆で書かれた遺言書が2通見つかりました。1つは平成22年4月1日付の遺言で、自宅土地建物を母に相続させ、預貯金を弟と私に半分ずつ相続させるという内容なのですが、もう1つは平成24年8月1日付の遺言で、自宅土地建物を私に相続させ、預貯金を母と弟に半分ずつ相続させるという内容です。両方、父の自筆であることは間違いないのですが、この場合、相続はどのようになるのでしょうか。

②先日、5年間病院で寝たきりだった母が亡くなったのですが、遺言書が見つかりました。その内容は、妹に全財産を相続させるというものですが、私の知っている母の筆跡とは随分異なっている気がします。また、仮に母の自筆であったとしても、作成日付となっているのは、母が亡くなる直前であり、母の意識はもうろうとしていました。このような遺言書でも従わなければならないのでしょうか。

③先日亡くなった父の残した遺言書（作成は亡くなる約3年前となっています）には、法定相続人である母と私と弟にそれぞれどの遺産を相続させるか、財産ごとに指定して記載されています。その中で、倉敷の土地については私に相続させると書かれているのですが、倉敷の土地は父が亡くなる1年前に自ら売却しており、既に他人の名義となっています。倉敷の土地を私が相続することはできますか。

A 【1】 複数の遺言

遺言は、遺言の方式（自筆証書、公正証書、又は秘密証書）に従えば、いつでも全部または一部を撤回できます。

また、前後の遺言の内容が抵触する場合、抵触する部分は、後の遺言で、前の遺言を撤回したものとみなされますので、後の遺言が効力を有することになります。

本件では、自宅土地建物と預貯金の分け方が変わっておりますので、後になされた平成24年8月1日付の遺言が有効となり、それにしたがって相続されることとなります。

【2】 筆跡や遺言意思の疑わしい遺言

遺言は、厳格な要式行為、すなわち法律で定めた要件に従ってなされる必要があります。

自筆証書遺言の場合、遺言の全文、日付、及び名前を自書して、押印することが要件となります（遺言と一体の財産目録は、記載のある頁毎に署名押印されれば、自署でなくても可能です。）。

被相続人の意思のとおりの内容の遺言であっても、他人が代わりに書いた遺言は、無効です。

本件では、被相続人であるお母様の筆跡と異なっているように見えるわけですから、遺言書を誰が書いたのか、被相続人の生前の筆跡と比べるなどして確認します。

他人が書いた遺言であれば無効ですが、死の直前であれば字が乱れるなど筆跡が変わることもありますので、慎重な検討が必要でしょう。

次に、意識がもうろうとしていた時点で作成された遺言について回答します。

遺言をするには、遺言者に、遺言能力があることが必要です。

遺言能力というのは、遺言の意味、内容を理解して、遺言の効果を判断するに足りる能力のことをいいます。

また、法律行為ですので、当然、意思能力すなわち事理を弁識する

能力（自分が何をしているのかが分かる能力）も必要です。

　意識がもうろうとしていて、遺言能力や意思能力がない状況であったのであれば、遺言は無効であり、従う必要はありません。

【3】　遺言作成後に生前処分された財産についての相続

　遺言内容はいつでも撤回でき、後の遺言が前の遺言と抵触する場合、前の遺言を撤回したことになりますが、それと同様、遺言と抵触する生前処分も、その部分について撤回したものとみなされます。

　相続させると書かれていた土地が、遺言者である父の生前に売却され、遺言の内容と抵触しておりますから、その部分は、撤回されたものとみなされ、相続できません。

【関連法規】
1　民法第1022条、同第1023条第1項
2　民法第960条、同第967条〜同第968条、同第963条、
3　民法第1023条第2項

第6章

遺留分

34 遺留分制度の概説

Q 父が死亡した後、遺言が発見されました。その遺言には「全ての財産は、長女に相続させる」と記載されていました。しかし、次女の私には、遺留分の権利があるので、遺産を全くもらえないわけではないと聞きました。父の相続人は母と長女と私です。遺留分について教えてください。

A ①**遺留分制度とは**

遺留分とは、相続のとき、一定の相続人のために一定割合の相続財産を確保する制度です。被相続人は、遺言や贈与などによって、遺産を誰に与えるかを自由に決めることができます。しかし、本来相続権のある相続人の生活を保障し、家族財産を公平に配分するという点も無視できません。そこで、民法では、一定の相続人に対しては、被相続人の遺言や贈与などによっても奪うことができない最低限の取り分を遺留分として保護しています。遺留分制度は、被相続人の財産処分の自由と、相続人の保護という2つの要請を調整したものといえます。

②**遺留分権利者**

遺留分の権利を持つ相続人を遺留分権利者といいます。遺留分権利者は、兄弟姉妹以外の相続人です。具体的には、被相続人の配偶者、子（胎児も生きて生まれれば含まれます。）、直系尊属で、子の代襲相続人も、被代襲者である子と同じ遺留分を持ちます。

③**遺留分の算定方法**

遺留分がどの程度の割合で認められるかについては、相続人が誰かによって異なります。相続人が直系尊属だけの場合は全相続財産の3

分の1、それ以外の場合は2分の1とされています。そして、遺留分権利者が複数いる場合には、この割合にそれぞれの遺留分権利者の法定相続割合を乗じて算出します。

あなたの遺留分は1／2×1／4（あなたの法定相続割合）＝1／8になります。

④遺留分の算定の基礎となる財産

遺留分の算定の基礎となる財産は、被相続人が相続開始時に有していた積極財産（祭祀財産は除きます。）に「贈与」した財産を加え、債務の全額を引いて算定します。

ここでの「贈与」とは、相続開始前1年間になされた贈与（贈与の相手は問いません。）と、相続開始前10年間になされた相続人への特別受益になります。平成30年の改正によって、遺留分の算定の対象となる特別受益に期間の制限が設けられました。これにより、相続開始の10年以上前になされた特別受益は、遺留分の算定の基礎には含まれなくなりました。

なお、遺留分の算定の基礎となる財産の評価は、客観的基準である取引価格により、評価の基準時は相続開始の時とされています。

⑤遺留分の請求

自己の遺留分を侵害された遺留分権利者は、受遺者または受贈者に対して、遺留分侵害額に相当する金銭の請求ができます。以前は遺留分の権利を行使すると遺贈または贈与された財産を共有する状態になっていたのですが、平成30年の改正によって、遺留分の権利は金銭債権とされました。遺留分侵害額は、個別的遺留分から遺留分権利者が相続財産から取得または取得できる財産があればそれを控除し、相続した債務があればそれを加えて算定します。

遺留分請求権の行使は、受遺者または受贈者に対する一方的な意思表示でよく、裁判や調停を起こすことが必要なわけではありません。ただし、立証の観点からすると、配達証明つき内容証明郵便によって意

思表示をすべきでしょう。

⑥遺留分侵害額の負担と順序

　遺留分侵害額の請求を受けた受遺者または受贈者は、遺贈または贈与の目的の価額を限度として遺留分侵害額を負担します。ただし、受遺者または受贈者が相続人の場合には、遺贈または贈与の目的の価額からその人の遺留分を控除した金額が負担の限度になります。

　遺留分を侵害する遺贈や贈与が複数ある場合には、どのような順序で遺留分を負担するかが定められています。遺贈と贈与があるときは、遺贈を受けた者が先に遺留分侵害額を負担します。複数の遺贈または贈与が同時になされている場合には、その目的の価額の割合に応じて負担します。贈与が複数ある場合には、後のもの（相続開始時に近いもの）から先に負担します。

⑦受遺者または受贈者による相続債務の弁済

　遺留分侵害額の請求を受けた受遺者または受贈者が、遺留分権利者が相続した債務を弁済等によって消滅させた場合には、遺留分権利者に意思表示をすることで、消滅させた債務の限度で遺留分侵害額を支払わなくてよくなります。この規定は平成30年の改正によって新たに設けられました。

⑧相当の期限の許与

　遺留分侵害額を負担することになった受遺者または受贈者は金銭を支払わなければなりませんが、遺贈や贈与を受けたのが金銭以外の財産だった場合には、すぐに金銭を支払うことが困難な場合があります。このような点に配慮して、受遺者または受贈者は、遺留分侵害額の支払いについて、相当の期間の許与を裁判所に求めることができるようになりました。この規定も、遺留分請求権が金銭債権とされたことに伴って新たに設けられました。

⑨消滅時効

　遺留分侵害額の請求権は、遺留分権利者が、相続の開始及び遺留分

を侵害する贈与または遺贈があったことを知ったときから1年間行使しないと時効によって消滅します。また、相続開始の時から10年を経過したときも同様とされています。

⑩遺留分の放棄

遺留分の放棄は、相続開始後はいつでもできます。しかし、相続開始前の場合は、家庭裁判所の許可を受けたときに限り、その効力を生じます。なお、共同相続人の1人が遺留分を放棄しても、ほかの共同相続人の遺留分には影響を与えません。

⑪相続税の還付・納付

遺留分侵害額を負担することになった受遺者または受贈者は、既に相続税の納付をしていた場合には、遺留侵害額分として支払う金額が確定した日の翌日から4か月以内に更正の請求をして納付済みの相続税の還付を受けることができます。一方、遺留分権利者は、相続税の期限後申告や修正申告をして、遺留分に対応する相続税を納付することになります。

⑫事業承継と遺留分

中小企業の経営者が、後継者に自己が持つ株式を集中して承継させようとしても、遺留分制度があるために自社株式が分散してしまうなど、事業承継にとって大きなマイナスとなる場合があります。また、後継者に株式を生前贈与していた場合、贈与を受けた後継者の貢献によって株式の評価が高くなったのだとしても、遺留分の評価は相続開始時点でなされるため、不公平な結果になる場合もあります。これらの問題に対応するため、「中小企業における経営の承継の円滑化に関する法律」では「遺留分に関する民法の特例」が規定されています。具体的には、後継者に贈与等がなされた自社株式について、遺留分算定の基礎財産から除外する「除外合意」や基礎財産に算入する価額を合意時の時価に固定する「固定合意」があります。

【関連法規】　民法第1042条〜第1049条

35 遺留分侵害額請求権者

Q ①死亡した兄の遺言に「全て財産は、弟に相続させる」という記載がありました。妹の私は、何ももらえないのでしょうか。

②死亡した夫の遺言に「全ての財産は、前妻との間の長男に相続させる」という記載がありました。私は、亡夫との間の子供を身籠っているのですが、その子は、何ももらえないのでしょうか。

③死亡した祖父の法定相続人として、妻（私の祖母）と子が1人（私の父）いました。祖父の遺言に「財産のうち10分の9を、妻に相続させる」という記載がありました。私の父が相続放棄をした場合、孫の私は、何ももらえないのでしょうか。

④債務者の父親が死亡しましたが、その父親の遺言に「全ての財産は妻に相続させる」という記載がありました。子どもである債務者の代わりに、父親の遺産について権利を主張できないでしょうか。

A 【1】 兄弟姉妹には遺留分はない

遺留分は兄弟姉妹以外の法定相続人に認められる権利です。兄弟姉妹には遺留分はありません。したがって、遺言のとおり、全ての財産は弟さんが相続し、妹であるあなたは、何も相続する事ことはできません。

【2】 胎児にも遺留分がある

胎児も生きて生まれれば、子としての遺留分を持っています。お子さんが無事に生まれたら、遺留分の請求ができます。

なお、妻であるあなたにも遺留分があります。

【３】父親の相続放棄

　お父さんが相続放棄をされた場合、その子（孫）であるあなたは何ももらえません。

【４】債権者代位権

　債権者がその財産権を行使しない時に、債権者が自分の債権を守る（保全する）ために、債権者にかわってその権利を行使することができるのが、債権者代位権という権利です。

　しかし、「その権利を行使するかどうかが、権利者（この場合では債務者）の個人的意思にゆだねられているもの」については、債権者がかわりに行使する（代位する）ことはできません。

遺留分侵害額請求権も、債務者本人が行使しない限り、債権者が代位することはできません。

　債務者が、遺留分の権利を誰かに譲り渡す等、自分が権利行使をする意思があることを、外からわかるようにはっきり表明しているような場合を除いては、債権者が代わって権利を主張することはできません。

【関連法規】民法第886条、同第887条2項、同第939条、同第1042条
【関連判例】最判平13・11・22民集55巻6号1033頁

36 遺留分侵害額請求の相手方

Q 父が半年前に亡くなりました。法定相続人は母、兄、自分の3人です。

①父の死後、兄が公正証書遺言というものを持ち出してきたのですが、その内容は父名義の預貯金2000万円のうち、500万円を叔母に贈与する、その他の財産はすべて兄に相続させるという内容になっていました。父名義の資産としては、預貯金のほかに不動産や株式などがあり、兄が相続した分の合計額は5000万円ほど、遺産総額で5500万円になります。なお、預貯金を払い出してもらう手続も、不動産の名義を変更する手続もすべて終わってしまっています。このような場合、遺留分侵害額請求というものができると聞いたのですが、誰に対して行使することが出来るのでしょうか。

②遺留分侵害額請求を行使する前に、叔母が亡くなってしまいました。相続人は子ども1人です。この場合はどうしたらいいのでしょうか。

③兄が相続した不動産の一部が売られてしまっていることが分かりました。この場合はどうしたらいいのでしょうか。

A 【1】誰に遺留分侵害額請求するべきか

遺留分を侵害された者(遺留分権利者及びその承継人)は、受遺者・受贈者に対して遺留分侵害額に相当する金銭の支払いを請求することができます。

遺言において特定の相続人に「相続させる」旨の遺言は、本来、遺贈とは法的性質は異なりますが、何らの行為を要しないで当該遺産が

被相続人の死亡のときに直ちに相続により承継されるものと考えられ
ていることから、遺贈と同順位で負担します。そして、複数の遺贈が
ある場合には、遺贈目的物の価額の割合に応じて負担します。

　本件では、あなたのお兄さんと叔母さんが、遺留分を侵害する行為
によって直接利益を得た受遺者として、遺留分侵害額請求の相手方と
なります。あなたは、お兄さんと叔母さんに対して、遺留分侵害額請
求権を行使することができます。

　あなたの遺留分は、被相続人の財産の2分の1に法定相続分である
4分の1を乗じて得られた8分の1となります。遺留分の基礎となる
財産額5500万円に対し、あなたの遺留分額は687万5000円です。あなた
の現実の相続額は0円ですので、遺留分侵害額は687万5000円です。

　そして、遺留分侵害額請求に際しては、遺贈の目的の価額の割合に
応じて負担することとされています。この点、お兄さんは遺留分侵害
額請求の相手方であると同時に、相続人でもあります。このような場
合には、目的物の価額は遺贈された目的物の価額から遺留分として当
該相続人（受遺者）が受けるべき額を控除した額が限度となります。し
たがって、お兄さんについてはお兄さんの遺留分を超える部分のみと
して5000万円－687万5000円＝4312万5000円を、叔母さんについては遺
留分がないので500万円を、それぞれ請求できます。

　そうすると、お兄さんへの請求額は、

　　687万5000円÷（4312万5000円＋500万円）

　　×4312万5000円≒616万0714円

となります。

　他方、叔母さんへの請求額は次のようになります。

　　687万5000円÷（4312万5000円＋500万円）×500万円

　　≒71万4285円

【2】直接利益を得た受遺者・受贈者が亡くなっていた場合

　遺留分侵害額請求の対象となる行為によって直接利益を得た受遺

者・受贈者の包括承継人は、遺留分侵害額請求の相手方となります。

　本件において、叔母さんの子は受遺者の包括承継人にあたりますので、あなたは、叔母さんの子に対し、遺留分侵害額請求権を行使することができます。

【3】 直接利益を得た受遺者・受贈者が、その目的を他人に譲り渡していた場合

　今回の改正により遺留分減殺請求は金銭債権とされたため、減殺を受けるべき受遺者・受贈者が贈与・遺贈の目的を他人に譲り渡したときであっても、遺留分権利者は受遺者・受贈者に対して金銭賠償を求めることができます。

【関連法規】民法第900条第1号・第4号、同第1042条、同第1043条第1項、同第1046条、同第1047条

37 遺留分侵害額請求権行使の時期的制限

Q 父が亡くなりました。すでに母は他界しており、父の相続人は、私と弟の兄弟２人だけです。父には預貯金はほとんどなく、私と一緒に住んでいた不動産が唯一の財産でした。

①父は生前、居住不動産を一緒に住んでいた私に残すという遺言を作成していました。父の死から１年半ほどが経過していますが、イギリスに住んでいた弟が、突然、自分にも「遺留分」というのがあるとして、不動産の価格相当分について私に支払うよう主張してきました。私は弟に支払わなければならないのでしょうか。

②父が亡くなる15年前に、私は父から一緒に住んでいた不動産を贈与されていた場合、弟の遺留分の侵害となるのでしょうか。

A 【1】小問①

小問①で、弟さんが主張しているのは遺留分侵害額請求権という権利です。遺留分侵害額請求権を行使すると遺留分侵害額に相当する金銭の給付を目的とする債権が発生します。小問①の場合でいうと弟さんが遺留分が侵害されているとしてその権利を行使すると、弟さんからあなたに対して侵害された遺留分相当額の金銭の支払いを求めることができるということです。

この遺留分侵害額請求権の行使については時期的な制限があり、民法上、遺留分権利者が相続の開始及び遺留分を侵害する贈与又は遺贈があったことを知った時から１年、相続の開始から10年と定められています。「遺留分を侵害する贈与又は遺贈があったことを知った時」とは、単に贈与や遺贈があったことを知ったときではなく、これに加え

てこれらが遺留分を侵害するものであることを知ったときとされています。

小問①ではすでにお父さんの死から1年半が経過しているとのことですが、弟さんがお父さんの死だけでなく、お父さんの「唯一の財産」である不動産をあなたに残すという遺言の内容を知り、これを知って1年が経過しているのであれば、遺留分侵害額請求権を行使することはできません。たとえば、弟さんがお父さんの財産である不動産をあなたに残すという遺言を知っていたとしても、弟さんはお父さんの相続財産全体について不明で遺留分が侵害されているか否か不明であった場合や、弟さんがお父さんの相続財産が他にももっとあり遺留分は侵害されていないと誤信していたりした場合には、上記1年の期間制限にはかかりません。

したがって、弟さんが遺言の内容を全く知らない場合や知っていて

も遺言の内容がお父さんがあなたに残した不動産が「唯一の不動産」であることを明示しておらず弟さんがこのことを知らなかったり、お父さんに他に財産があると誤信している場合などは、「遺留分権利者が相続の開始及び遺留分を侵害する贈与又は遺贈があったことを知った時」から「1年」が経過したとはいえず、弟さんはあなたに対して、遺留分侵害額に相当する金銭（不動産価値の4分の1）について請求できることになり、あなたはこれを支払わなければなりません。あなたは、直ちに金銭の支払いができない場合には裁判所に期限の許与を求めることができます。裁判所の期限内においてはあなたは履行遅滞になりません。

　なお、遺留分額侵害請求権の行使により発生した弟さんのあなたに対する具体的な金銭請求権については、民法の一般原則に従って請求権を行使することができるときから10年、2020年4月1日改正施行日以後については、請求権を行使することができると知ったときから5年、請求権を行使できる時からから10年で時効消滅することになります。

【2】小問②

　相続人に対してなされた贈与については、特別受益（婚姻若しくは養子縁組のため又は生計の資本としてなした贈与）に該当する相続開始前10年間にされた贈与のみが遺留分算定の基礎となります。したがって、小問2の場合、お父さんからあなたになされた不動産の贈与はすでに10年以上が経過しており、特別受益にあたるか否かによらず、遺留分を算定するための財産の価額に算入されません。したがって、あなたが弟さんの遺留分を侵害している状態になっていないということになり、弟さんからの金銭の請求を拒むことができます。

【関連法規】民法第166条第1項、同第1042条第1項、同第1044条、同第1046条、同第1048条
【関連判例】最判昭57・11・12民集36巻11号2193頁

38 遺留分侵害額請求権行使の方法

Q ①母が約1年半前に亡くなり、その後、裁判所で母の遺言書の検認手続を行いました。相続人は長女の私と長男の弟の2人のみです。その遺言書を見ると、「財産のすべてを長男である弟に相続させる」と書かれており、その遺言に基づいて、預貯金や不動産その他すべての財産が弟のものになってしまいました。このような場合、私は、弟に対して、遺留分侵害額の請求ができると聞きました。検認手続から間もなく1年となり、法的手続の準備をしていると時効にかかってしまいそうなのですが、どうしたらいいでしょうか。

②上記1のような場合には遺留分侵害額の請求ができるということを最近になって知りました。しかし、すでに検認手続の時から1年以上が経過してしまいました。この間、既に遺産分割協議の申入れをしているのですが、もう遺留分侵害額の請求はできないのでしょうか。

A 民法は、兄弟姉妹を除く相続人（配偶者、子または直系尊属）に対し、法定相続分の一定割合を遺留分として認めることで、遺産について一定の割合で価値を保持することを保障しています。遺留分制度は、被相続人による財産の自由な処分と被相続人死亡後の遺留分権利者の生活保障の調和を図るものです。

平成30年改正前の遺留分制度の枠組みは、遺留分を侵害する贈与又は遺贈（以下「贈与等」といいます。）を「減殺」して、相続財産ないし遺留分権利者が保持すべき財産を回復するというものでした。そして、平成30年改正前の判例上、遺留分減殺の意思表示によって、贈与

等は遺留分を侵害する限度において失効し、受遺者又は受贈者（以下「受遺者等」といいます。）が取得した権利は、その限度で当然に減殺請求をした遺留分権利者に戻るものとされていました。そのため、減殺の対象となった財産については、現物返還が原則とされ、例外的に現物を返還する代わりにその財産に相当する金銭を支払うことを認めていたのです。

　しかしながら、このような考え方には、贈与等の目的物について共有状態が生じた場合に権利関係が複雑になる等の不都合が指摘されていました（事業承継の場面における株式の準共有など。）。

　そこで、平成30年の改正によって、遺留分減殺請求によって当然に遺留分権利者に権利が戻るとされていた枠組みを改め、遺留分権利者は、受遺者等に対して、遺留分侵害額に相当する金銭の支払を請求することができるという枠組みに変更されました。これにより、遺留分減殺請求権は、「遺留分侵害額請求権」と呼ばれることになります。

　また、受遺者等は、例外的にも現物返還を選択することはできず、金銭債務の支払を行わなければなりません。なお、受遺者等がどうしても現物給付を望む場合には、遺留分権利者の同意を得て、代物弁済をすれば足りることになります。

　遺留分侵害額請求権には、二段階で行使期間の制限があります。まずは、遺留分権利者が、①相続の開始及び②遺留分を侵害する贈与等があったことを知ったときから1年経過すると、遺留分侵害額請求権は消滅します。また、遺留分権利者が上記①及び②を知らなくても、相続開始の時から10年経過したときには、遺留分侵害額請求権は消滅します。行使期間や起算点は、平成30年改正による影響がありません。

　そして、「遺留分を侵害する贈与又は遺贈があったことを知ったとき」とは、平成30年改正前の判例ではありますが、当該贈与等が具体的に現実的に遺留分を侵害し減殺が可能であることまで知ることが必要であるとされていますが、少なくとも被相続人のほとんどの財産が

贈与等された場合、その贈与等は減殺できることが明らかですから、その贈与等を知ったときを起算点と考えてよいでしょう。

　遺留分侵害額請求権の行使方法については、平成30年改正の影響はありません。したがって、遺留分侵害額請求は、意思表示の方法によって行使すれば足り、訴えの方法による必要はありません。その際、遺留分侵害額を具体的に明示することまでは不要ですが、その意思表示には遺留分を侵害されたことによる侵害額を請求するものであるとの意思が現れている必要があります。

　では、遺留分侵害額請求権の行使期間は経過しているが、行使期間内に遺産分割協議の申入れを行っていた場合に、遺産分割協議の申入れをもって遺留分侵害額請求権の意思表示をしたといえるでしょうか。この点について、平成30年改正前の判例は、遺産分割と遺留分減殺とは、その要件及び効果を異にするから、遺産分割協議の申入れに、当然、遺留分減殺の意思表示が含まれているということはできないとしつつ、「被相続人の全財産が相続人の一部の者に遺贈された場合には、遺贈を受けなかった相続人が遺産の配分を求めるためには、法律上、遺留分減殺によるほかないのであるから、遺留分減殺請求権を有する相続人が、遺贈の効力を争うことなく、遺産分割協議の申入れをしたときは、特段の事情のない限り、その申入れには遺留分減殺の意思表示が含まれていると解するのが相当である。」と判示しています。

　では、質問Iについて具体的に検討してみましょう。

　まず、お母さんの遺言書で「財産のすべてを弟に相続させる」と書かれていることから、相続人の子であるあなたは、上記遺贈によって、法定相続分2分の1の更に2分の1、すなわち4分の1の遺留分を侵害されていることになります。したがって、あなたは、受贈者である弟さんに対し、相続財産の4分の1に相当する金銭の支払請求をすることができます。

　あなたは、検認手続の時点で、「財産のすべてを弟に相続させる」と

の遺言の内容を知ったのですから、現実的に遺留分侵害額請求が可能であることまで知ったと推認され、この時が1年間の消滅時効の起算点となります。検認手続からまもなく1年が経過するとのことですから、弟さんに対し、早急に遺留分侵害額請求権を行使するとの意思表示をしなければなりません。もっとも、訴訟提起することまでは求められていませんから、配達証明付き内容証明郵便を利用して、弟に対し、「遺留分侵害額請求権を行使します」という内容の意思表示をしましょう。

　次に、質問Ⅱについて検討しましょう。

　お母さんの遺言は、「財産のすべてを弟に相続させる」というものですから、遺言の有効性を争わない限り、あなたが遺産の配分を求めるためには、遺留分侵害額請求権を行使するほかありません。したがって、改正前の判例を前提とすれば、遺産分割協議の申入れには、遺留分侵害額請求権の行使の意思表示を含むと判断される余地はあります。したがって、遺言内容を知った検認手続から1年経過した場合でも、あなたが遺言の有効性をまったく争っていなかったのであれば、例外的に遺留分侵害額請求権を行使することができる余地はあります。

【関連法規】民法第1042条、同第1046条、同第1048条
【関連裁判例】最判昭51・8・30・民集30巻7号768頁、大判昭13・2・26・民集17巻275頁、最二小判昭57・11・12・民集36巻11号2193頁、最判昭41・7・14・民集20巻6号1183頁、最判平10・6・11・判タ979号87頁

39 遺留分侵害額請求権に関する紛争解決手続

Q 遺留分侵害額請求に関する紛争を解決する手続にはどのようなものがあるのでしょうか。また、各手続でのポイント、注意点などについて教えてください。

A 【1】紛争が生じた場合

相続人の遺留分が侵害されて遺留分侵害額請求に関する紛争が生じた場合の紛争解決手続としては、①家事調停の申立て、②民事調停の申立て、③遺留分侵害額請求訴訟を提起することが考えられます。

【2】家事調停の申立て

遺留分侵害額請求は、被相続人の相続をめぐる紛争ですから、原則として、「家庭に関する事件」として調停前置主義が適用されます。このため、遺留分侵害額請求に関する紛争の解決手続としては、まず家庭裁判所に遺留分侵害額請求調停の申立てをすることになります。

家事調停の申立ては、当事者及び法定代理人のほか、申立ての趣旨及び理由等を記載した申立書を家庭裁判所に提出して行います。

管轄裁判所は、相手方の住所地を管轄する家庭裁判所又は当事者が合意で定める家庭裁判所となります。

申立書には、被相続人の死亡による相続の開始、遺留分の侵害となる被相続人の遺贈又は贈与の存在、申立人と相手方（受遺者・受贈者）との関係、被相続人の遺産（負債も含む）の内容と評価額、遺留分侵害額請求の意思表示の存在などを可能な限り特定して記載する必要があります。

遺留分侵害額請求は、家事事件手続法第39条別表第２に定める審判

事項ではなく、一般調停事項となりますので、調停が不成立となった場合は、別途民事訴訟を提起して、解決を求めることが必要となります。

　また、遺留分侵害額請求権は、遺留分権利者が、相続の開始及び遺留分を侵害する贈与又は遺贈があったことを知ったときから1年（時効期間）が経過した場合や、相続開始のときから10年（一般に除斥期間と解されています）が経過した場合は、消滅し行使ができなくなります。このため、遺留分侵害額請求の意思表示をした事実を証拠として残しておく必要があります。調停の申立書は、民事訴訟の場合の訴状と違って、裁判所から相手方に対して、送付の事実を証明できる方法では送られませんので、消滅時効にかけないために、申立書の記載とは別に遺留分侵害額請求の意思表示を内容証明郵便でしておくなどの注意が必要です。

　なお、今回の相続法の改正によって、遺留分侵害額請求権の行使をすることによって金銭債権が発生するという仕組みとなりました。この改正に伴って、遺留分侵害額請求権行使のときから5年（改正債権法の施行までは10年）が経過した場合には、この債権は時効により消滅することになりますので、注意が必要です。

【3】民事調停

　遺言により財産が相続人以外の第三者に贈与されるなどして、相続人と第三者との間で紛争が生じた場合、民事に関する紛争として、民事調停の申立てをすることも考えられます。しかし、家庭裁判所は、遺留分侵害をめぐる紛争について蓄積がありますので、相続人以外の第三者に対する調停の場合でも一般的には家事調停が利用されています。

【4】遺留分侵害額請求訴訟

　調停が不成立となった場合は、民事訴訟を提起することになります。今回の相続法改正前は、遺留分の権利行使（遺留分減殺請求）によって、遺留分を侵害する贈与や遺贈は侵害の限度で失効し、受贈者や受

遺者が取得した権利は、遺留分を侵害する限度で当然に減殺請求をした遺留分権利者に帰属するとされていましたので、この訴訟は遺留分減殺請求訴訟と呼ばれていました。今回の相続法改正において、遺留分の権利行使（遺留分侵害額請求）について、遺留分権利者には遺留分侵害額に相当する金銭の支払を請求することができると規定されましたので、この訴訟は遺留分侵害額請求訴訟と呼ばれます。

　管轄裁判所は、被告の普通裁判籍の所在地を管轄する裁判所のほか、相続開始時における被相続人の普通裁判籍の所在地を管轄する裁判所にも管轄があります。

　遺留分侵害額請求訴訟では、原告（遺留分権利者及びその承継人）は、被告（受遺者又は受贈者）に対して、遺留分侵害額に相当する金銭の支払を請求することになります。

　このように、今回の相続法の改正において、遺留分侵害額請求を受けた被告は、判決が認容された場合には、金銭で原告に支払をすることになりましたが、被告が不動産を取得していた場合など、直ちに金銭を準備できない場合もあります。このような場合を考慮して、裁判所は、被告の請求により、遺留分侵害額債務の全部又は一部の支払につき相当の期限を許与（猶予）することができるとの規定が新設されました。この期限の許与については、法律上、具体的な基準の定めはなく、裁判所の裁量によって決められることになります。裁判所は、被告の資力や、遺贈や贈与の目的財産を売却して資金を調達するのに要する通常の期間等、一切の事情を考慮して、期限の許与をするかどうかを決め、そして期限の許与をする場合には、その期間についても併せて決めることになります。

【関連法規】民法第1046条〜同第1048条、家事事件手続法第39条別表第2、同第257条、同第245条、同第255条、同第272条、民事訴訟法第4条、同第5条第1項第14号

40 遺留分侵害額請求の効果

Q 先日、父がなくなりました。相続人は、兄と私の2人です。父の遺産としては、自宅の土地（価値1000万円）、建物（価値500万円）、預貯金800万円があります。父は、全ての遺産を兄に相続させるという内容の遺言を残していました。

①私が遺留分侵害額請求をした場合、父の遺産（土地・建物、預貯金）の権利関係は、どのようになるのでしょうか。

②私が遺留分侵害額請求をする前に、兄が他人に、遺産の土地と建物を売却し、登記も完了していた場合、私は、土地と建物について権利を主張できますか。

③私の遺留分侵害額請求後に、兄が他人に、遺産の土地と建物を売却し、登記も完了していた場合は、どうでしょうか。

A 【1】遺留分侵害額請求をした場合の法律関係

　　お父さんの遺言により、お父さんの遺産は全て、お兄さんが相続することになります。あなたは遺留分侵害額請求を行うことができますが、これは遺留分侵害額に相当する金銭の支払を請求することができるものですから、お父さんの遺産（土地・建物）については、全てお兄さんが相続し、全てお兄さんの名義になります。お父さんの預貯金についても全てお兄さんが相続しますから、お父さんの預貯金に関しても金融機関に対し自己の相続分（遺留分）についての払戻請求をすることはできません。

　遺留分侵害額請求によって、あなたはお父さんの相続財産（合計2300万円）から遺留分である4分の1の割合の金銭（2300万円×1／4＝575万円）の支払をお兄さんから受けることになります。

なお遺留分侵害額請求は、（1）相続の開始を知った時から1年間行使せず、かつ（2）遺留分を侵害する贈与または遺贈を知った時から1年間行使しないときに、時効によって消滅します。したがって、請求するかしないかは早めに決め、請求したことが明らかになるよう、内容証明郵便や調停等の申立てという形で行うべきでしょう。
また、相続開始の時から十年を経過したときも、時効によって消滅します。

【2】遺留分侵害額請求の前に目的物が譲渡されていた場合

　既にご説明しているとおり、遺留分侵害額請求は遺留分侵害額に相当する金銭の支払を請求することができるものです。したがって、遺留分侵害額請求の前に、お兄さんが他人に遺贈の目的物である土地と建物を売却してしまっていた場合であっても、あなたはお兄さんに対して遺留分に相当する金銭の支払いを請求することはできますが、土地と建物について権利を主張することはできません。

【3】遺留分侵害額請求の後に目的物が譲渡された場合

　遺留分侵害額請求は遺留分侵害額に相当する金銭の支払を請求することができるものですから、あなたからの遺留分侵害額請求があってもお兄さんは、他人に遺産の土地と建物を売却することができます。あなたは土地と建物について権利を主張することはできず、お兄さんから遺留分に相当する金銭の支払いを受けることになります。

【関連法規】民法第1046〜1048条

41 遺留分侵害額の算定 (総論)

Q 遺留分の額や遺留分の侵害額は、どのようにして計算するのでしょうか。

A 【1】遺留分算定の基礎となる財産の確定

まず、遺留分算定の基礎となる被相続人の財産の範囲を確定しなければなりませんが、これは次のようにして計算されます。

遺留分算定の基礎となる被相続人の財産

＝被相続人が亡くなった時に持っていたプラスの財産

＋被相続人が生前に贈与した財産の価額

－被相続人が負っていた債務の額

生前贈与の相手方が相続人ではない場合、算入される贈与というのは、相続開始（死亡）前1年間にしたものに限られます（もっとも、その贈与が遺留分を侵害することを、被相続人と贈与を受けた人の双方が認識していたという場合には、1年以上前の贈与でも算入されます）。

また、生前贈与を受けたのが相続人であり、その贈与が特別受益（Q14参照）に該当する場合には、相続開始（死亡）前10年間にしたものに限り、遺留分算定の基礎に算入されることになります。（平成30年改正前は、特別受益に該当すれば、何十年前の贈与であってもさかのぼって算入することとされていましたが、改正により10年間に制限されることとなりました。）

【2】遺留分額の計算

次に、遺留分の額の計算ですが、まず、【1】の計算によって確定した遺留分算定の基礎価額に、遺留分の割合と法定相続分の割合を掛け合わせます。

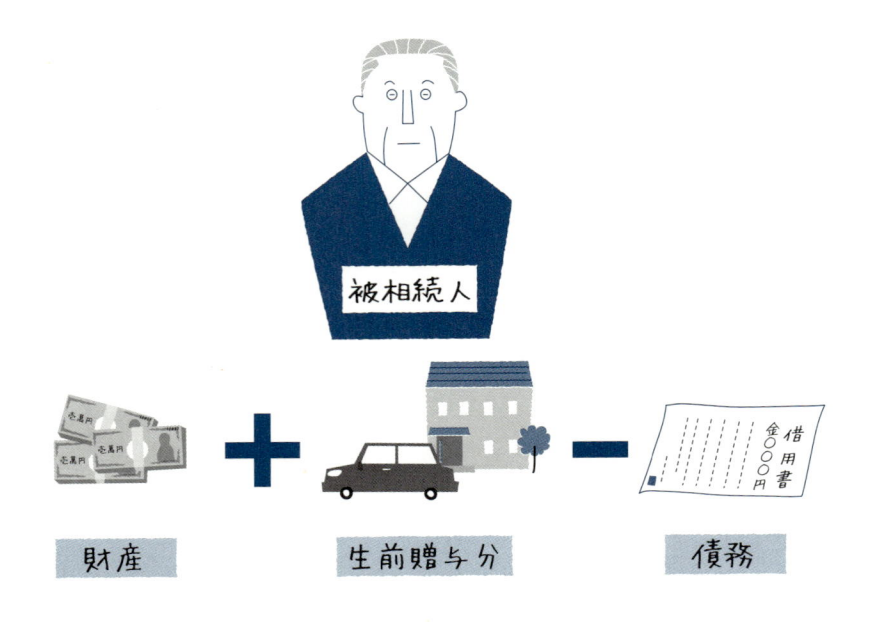

被相続人

財産　＋　生前贈与分　−　債務

　遺留分の割合は、直系尊属のみが相続人である場合（簡単に言うと、父母や祖父母などの上の世代が、先に死んでしまった子や孫を相続するケース）には3分の1で、それ以外の場合は2分の1です。

　例えば、夫が亡くなり妻と長男、長女の3人が相続人となった場合の長男の遺留分については、

　遺留分算定基礎価額×2分の1（遺留分割合）×4分の1（法定相続分）

という計算が基本になります。

　そして、さらに相続人に特別受益がある場合には、ここからその特別受益分の価額を差し引くことによって、具体的な遺留分の額が算定されます。

【3】遺留分侵害額の計算

　ここまでで、遺留分額がいくらかという計算ができました。次は、その遺留分がどれだけ侵害されているかの計算です。

　遺留分侵害額は、以下の計算式で算定されます。

遺留分額－（実際の取得財産額－相続債務の分担額）

　要するに、その相続人が実際に取得したプラスの相続財産から、マイナスの相続分である債務額を控除した正味の相続分が、遺留分額にどれだけ足りないかということを計算するわけです。

【4】計算シートの活用

　以上、一通り遺留分計算について説明しましたが、お分かりのとおり、決して簡単な計算ではありません。弁護士にとっても、一つ一つの手順に従って電卓を使って漏れなく正確に計算することは大変な作業です。

　そこで、この問題を解決するために、東京地方裁判所と東京の三つの弁護士会が合同開催する「民事訴訟の運営に関する懇談会」における協議を踏まえて、マイクロソフト社製の表計算ソフト「Excel」を用いた計算ソフトが発表されています。このソフトは、東京弁護士会のホームページから誰でもダウンロードが可能であり、遺留分に関する紛争の迅速かつ的確な解決に有用なものとなっています。

【関連法規】民法第1042条、同第1043条第1項、同第1044条第1項、同第3項
【関連判例】最判平8・11・26民集50巻10号2747頁、最判平10・3・24民集52巻2号433頁

42 遺留分侵害額の算定（各論）

Q 先月、父が亡くなりました。相続人は、兄、私、弟の3人です。

① 父の遺産としては、土地（2000万円）と預貯金1000万円があります。父は、「土地は兄に相続させ、預貯金は、500万円を兄に、300万円を弟に、200万円を私に相続させる」という内容の遺言書を残していました。

この場合、私の遺留分および遺留分の侵害額は、いくらになりますか。

② 父の遺産として、土地（2000万円）、預貯金1000万円、そして借金600万円がありますが、父は、「土地は兄に相続させ、預貯金は、500万円を兄に、300万円を弟に、200万円を私に相続させるという」内容の遺言書を残していました。

この場合、私の遺留分および遺留分の侵害額は、いくらになりますか。また、兄が父の借金全額を返済した場合はどうなりますか。

③ 先月、父が亡くなりました。相続人は、子どもである兄と私の2人です。父の遺産としては、土地（各5000万円の価値）と貯金1000万円がありますが、他方で、4000万円の借金もありました。父が、全ての遺産を兄に相続させるという内容の遺言書を残していた場合、私の遺留分額および遺留分の侵害額は、どのように計算するのでしょうか。また、私は兄に対し、具体的にどのような請求することができますか。

【1】①について（積極財産のみの場合）
(1)**結論**

あなたの遺留分は500万円であり、遺留分侵害額は300万円です。

(2)**理由**

まず、遺留分権利者に該当するのは、兄弟姉妹以外の相続人となります。したがって、あなたは遺留分権利者です。

そして、遺留分算定のための財産の価額は、相続開始時に被相続人が有した財産の価額に、被相続人が贈与した財産の価額を加えた額から被相続人の債務全額を控除したものとなります。ですので、父の遺産である土地の価額2000万円と預貯金1000万円の合計額である3000万円が遺留分算定のための財産の価額となります。

そして、遺留分権利者が直系尊属以外の者である場合、遺留分は遺留分算定のための財産の価額の2分の1に遺留分権利者の相続分を乗じた額となります。ですので、あなたの遺留分は、500万円となります（＝3000万円×6分の1（＝2分の1×3分の1））。

そして、遺留分侵害額は、遺留分から、遺留分権利者が受けた特別受益、遺贈及び取得すべき遺産額を控除し、遺留分権利者が承継する債務の額を加算したものとなります。あなたは相続により200万円を得ています。したがって、あなたの遺留分侵害額は、これを控除した300万円となります。この点、平成30年に改正される前の民法下では、遺留分侵害額の算定については、条文に定められておらず、判例があるのみでしたが、改正後では条文で定められることとなりました。

【2】②について（相続財産の中に債務がある場合）

(1)**結論**

あなたの遺留分は400万円であり、遺留分侵害額は400万円です。そして、お兄さんがお父さんの債務全額を返済した場合、お兄さんは、あなたに対して、遺留分侵害額400万円のうち200万円について支払を拒否することができます。

⑵理由

　まず、遺留分算定のための財産の価額は、2400万円です（＝土地の価額である2000万円＋預貯金1000万円－借金600万円）。そして、あなたの遺留分は、400万円（＝2400万円×6分の1）となります。

　これから、相続により得た200万円を控除し、相続債務である200万円（＝600万円×3分の1）を加算した額である400万円が遺留分侵害額となります。

　そして、遺留分侵害を理由とする金銭給付の請求を受けた受遺者（特定財産承継遺言により財産を承継した相続人を含みます。）又は受贈者は、遺留分権利者の負担する相続債務について弁済等の債務消滅行為をしたときは、消滅した相続債務の額の限度において、自己の負担する金銭給付義務の消滅を請求することができます。この点については、平成30年に改正された民法で新しく定められました。そのため、お兄さんが、父の債務全額を返済した場合、お兄さんはあなたに対して、400万円のうち200万円について支払義務の消滅を請求することができます。

【3】③について（相続人の1人にすべてを相続させる旨の遺言がなされた場合）

⑴結論

　あなたの遺留分侵害額は500万円であり、あなたは、お兄さんに対して500万円の金銭を支払うよう請求することができます。

⑵理由

　まず遺留分算定のための財産の価額は、2000万円となります（＝土地の価額である5000万円＋預貯金1000万円－借金4000万円）。そして、遺留分は、500万円となります（＝2000万円×4分の1（＝2分の1×2分の1））。

　そして、遺留分侵害額も、500万円となります。この点、前記の計算方法によれば、2000万円を加算すべきとも考えられます（＝借金4000

万円×2分の1）。しかしながら、判例は、相続人の1人にすべての財産を相続させる遺言がなされた場合について、「相続人間においては、当該相続人が指定相続分の割合に応じて相続債務をすべて承継する」ので、「遺留分の侵害額の算定においては、遺留分権利者の法定相続分に応じた相続債務の額を遺留分の額に加算することは許されない」と判示しました。したがって、あなたの法定相続分に応じた相続債務の額2000万円を加算しません（ただし、遺言の趣旨等から、相続債務については当該相続人にすべてを相続させる意思がないことが明らかであるなどの特段の事情があれば、このようにならない場合もあります。）。

　そして、遺留分権利者は、受遺者（特定財産承継遺言により財産を承継した相続人を含みます。）又は受贈者に対し、遺留分侵害に相当する金銭の支払いを請求することができます。

　この点、平成30年に改正される前の民法では、遺留分侵害に対しては、財産の現物返還が原則とされ、価格弁償は例外的なものとされていました。しかし、改正後は、遺留分侵害相当額の金銭支払請求に変更されました。

【関連法規】民法第900条、同第1042条、同第1043条、同第1046条、同第1047条
【関連判例】最判昭34・6・19民集13巻6号757頁、最判平8・11・26判時1592号66頁、最判平21・3・24判時2041号45頁

43 遺留分侵害額の負担

Q **①遺贈等が複数ある場合**

遺留分を侵害する遺贈及び贈与が複数存在する場合、遺留分侵害額の負担はどういった順序・割合で行われますか。

②無資力の者がいる場合

遺贈又は贈与を受けた者が複数いる場合において、そのうちの1名が譲り受けた財産を費消してしまって資力がない場合、その分他の者に対して通常よりも多額の遺留分侵害額の請求をすることはできますか。

③遺留分侵害額請求の対象となる範囲

私の父Xが、1億円の相続財産を遺して死亡し、相続人は、子である私とA、B、及びCの4名です。Xは、1億円の相続財産を、Aに6000万円、Bに3000万円、Cに1000万円それぞれ遺贈していました。私は、誰に対していくらの額の遺留分侵害額の請求をすることができますか。

④相続分の指定がある場合

私の父Xが死亡し、相続人は、子である私とA及びBの3名です。Xは、相続人3名の相続分について、Aを3分の2、Bを3分の1、私を0（ゼロ）と指定する遺言をしていました。私がA及びBに対して遺留分侵害額請求権を行使した場合、私、A及びBの相続分は、それぞれいくらになりますか。

A **【1】遺贈等が複数ある場合**

まず、平成30年相続法改正により、遺留分減殺請求は、遺留分を侵害する者に対して金銭請求をすることができる制度に変更さ

れました。これにより、遺贈を受けた者（受遺者）又は生前贈与を受けた者（受贈者）は、遺贈又は贈与が遺留分を侵害する場合、遺贈又は贈与の目的の価額を限度として、遺留分侵害額の金銭を負担することになります。なお、受遺者には、遺贈のほかに、相続させる遺言、相続分の指定により遺産を取得した者も含まれます。

　複数の者が受遺者又は受贈者となる場合、次のとおり負担することになります。

①受遺者と受贈者がいる場合、受遺者が先に負担します。

②受遺者が複数いる場合又は受贈者が複数いて贈与が同時にされた場合、遺言者が遺言上で別段の意思を示さない限り、目的物の価額の割合に応じて按分して各自が負担します。

③受贈者が複数いて贈与が別の機会にされた場合、相続開始に近い順で生前贈与を受けた者が負担します。

　生前になされた贈与契約で贈与する者の死亡によって贈与の効果が生じるものとして死因贈与というものがあります。この死因贈与を受けた者については、受遺者と受贈者のどちらに含まれると解釈するのか見解が分かれていますが、平成30年相続法改正前の裁判例の解釈からすると、受贈者に含まれると解した上で、相続開始に最も近い贈与を受けた者に当たると考えられます。

【2】無資力の者がいる場合

　遺贈又は贈与を受けた者が無資力であることにより生じた損失は、遺留分権利者の負担とされています。したがって、遺贈又は贈与を受けた者が無資力であっても、代わりに他の者に対して請求することはできません。

【3】遺留分侵害額請求の対象となる範囲

　あなたの遺留分割合は８分の１ですので、相続財産のうち1250万円分の遺留分があり、本件ではあなたは相続により財産を一切取得していませんので、同額の遺留分侵害額請求をすることができます。この

1250万円について、他に遺贈を受けた者に対して、遺贈を受けた価額の割合に応じて請求することができます。ただし、従前の遺留分減殺請求制度に関する判例に従うと、遺留分侵害額請求の対象となる遺贈を受けた者が他の共同相続人である場合、遺留分侵害額請求によって当該相続人の遺留分を侵害することはできませんので、当該相続人の遺留分を超過する価額についてのみ遺留分侵害額請求の対象となります。したがって、本件で遺留分侵害額請求の対象となるのは、遺贈を受けた価額から各遺留分（A・B・Cともに1250万円）を差し引いた額、すなわち、

　Aは、6000万円－1250万円＝4750万円

　Bは、3000万円－1250万円＝1750万円となります。

　なお、Cは、1000万円－1250万円＝－250万円と、マイナスになるため、Cには遺留分侵害額請求はできません。

　あなたはAとBに対して上記超過額（4750万円と1750万円）の割合、つまり19：7の割合で請求することができます。これによると、あなたの請求額は、

　Aに対して、1250万円×4750÷（4750＋1750）＝913万4615円

　Bに対して、1250万円×1750÷（4750＋1750）＝336万5385円

　になります（端数は四捨五入）。

【4】相続分の指定がある場合

　あなたの遺留分割合は6分の1ですので、遺留分侵害額請求により、あなたの相続分は6分の1になります。

　そして、あなたが遺留分侵害額請求をした分だけ、A、Bの相続分が減少しますので、まず遺留分侵害額請求を受けたA、Bが負担する割合を算定する必要があります。

　共同相続人に対する遺留分侵害額請求において、各相続人の遺留分を超過する価額についてのみ負担すべきこととなるのは、上記3のような遺贈の場合だけでなく相続分指定においても同じであると考えら

れます。これによると、あなたの遺留分侵害額請求を負担すべきことになるのは、Ａ、Ｂに指定された各相続分（Ａ…３分の２、Ｂ…３分の１）からＡ、Ｂ各自の遺留分６分の１を差し引いたＡ…６分の３、Ｂ…６分の１となります。このＡ、Ｂの遺留分を超過した相続分の割合に応じて按分して負担することになりますので、ＡとＢが３：１の割合で相続分から負担することになり、あなたの遺留分６分の１について、Ａが８分の１、Ｂが24分の１を負担することになります。これらの負担分をＡ、Ｂの各指定相続分から差し引くと、

　　Ａ…（３分の２）－（８分の１）＝24分の13

　　Ｂ…（３分の１）－（24分の１）＝24分の７

　になり、最終的にＡの相続分は24分の13、Ｂの相続分は24分の７になります。

【関連法規】民法第1046条、同第1047条
【関連判例】東京高判平12・3・8日高民集53巻1号93頁、最判平10・2・26民集52巻1号274頁

44 事業承継に関する制度

Q 中小企業ですが、株式会社の社長をしています。今後、長男を後継者にと考えており、仕事を引き継がせたいと日々指導中です。私には、長男のほかに、嫁いだ娘が2人います。

①私の死後、会社をうまく長男に引き継がせるためには、民法上、どのような制度が利用できますか。

②遺留分に関する特例とはどういったものですか。

③もし、長男を後継者にできなければ、娘達には会社は引き継がせられません。大事な会社ですので、同業他社に引き継いでもらえるならそれもよいかと思っています。会社法上どのような制度が利用できますか。

A 【1】事業継承に関する民法上の諸制度

あなたの死後、長男が会社を引き継ぐための民法上の制度としては、生前贈与や遺言といった制度が利用できます。

円滑な事業承継を行い、承継後の経営を安定させるためには、後継者（長男）に自社株式や事業用資産を集中させることが重要です。あなたが生前に何の対策もしないまま死亡した場合、あなたの所有している自社株式や事業用資産は、他の相続人に分散してしまいます。

このような事態を防ぐためには、生前にあなたが所有している自社株式や事業用資産を徐々に長男に贈与したり（生前贈与）、自社株式や事業用資産を長男に相続させる旨の遺言書を作成することが必要です。なお、遺言を行う場合には、紛失・偽造のおそれがなく家庭裁判所による検認手続も不要な公正証書遺言によることをお勧めします。

しかし、あなたの相続財産の大半が自社株式や事業用資産である場

合、長男への生前贈与や遺言は他の相続人の遺留分を侵害する可能性があります。その場合、他の相続人から長男に対する遺留分侵害額請求がされた結果、遺産相続が紛争化してしまうおそれがあります。

　特に自社株式の生前贈与を行った場合、死亡する１０年以内になされた生前贈与は特別受益として遺留分算定の基礎財産に加えられることになります。さらに遺留分算定の基礎財産に加えられる金額は、贈与された時点での自社株式の時価ではなく、相続開始時点での時価額となるため、贈与を受けてから相続開始時までの間に評価額が上昇していれば上昇後の評価額が贈与額として基礎財産に算入されてしまいます。

　このような遺留分についての問題が生じることを防ぐため、あなたが生きている間に遺留分を有する長男以外の相続人に遺留分を放棄してもらうこと（遺留分の事前放棄）ができます。ただし、この場合には、長男以外の相続人全員が家庭裁判所に申立をして許可を受ける必要があるため、他の相続人にとっては何らのメリットもない手続をするという負担を被ることとなります。また、遺留分の事前放棄では、遺留分算定の基礎財産に算入すべき価額を固定できないという問題もあります。

【２】遺留分に関する民法の特例

　このように事業承継における遺留分の問題については、民法上の制度だけでは対応することが困難でした。そのため、平成20年５月に中小企業における経営の承継の円滑化に関する法律（経営承継円滑化法）が成立し、遺留分に関する民法の特例ができました。

　この特例では、現経営者（法律上は「旧代表者」と表現されます）の遺留分を有する推定相続人全員において、現経営者から後継者（推定相続人以外の方でも対象になることができます）に生前贈与や遺贈等された自社株式等について、遺留分算定基礎財産に算入しない旨の合意をすることができます（除外特例）。また、現経営者から後継者に

生前贈与等された自社株式等について、遺留分算定の基礎財産に算入する際の価額を当該合意時の価額に固定する旨の合意をすることもできます（固定特例）。

なお、除外特例と固定特例は併用することも可能です。例えば、後継者が現経営者から贈与等により取得した1000株のうち500株を除外合意の対象とし、残りの500株を固定合意の対象とすることもできます。また、民法の特例制度の施行日（平成21年3月1日）以前に贈与された株式等についても合意の対象とすることは可能です。

これらの特例を利用するためには、①会社が中小企業であり、3年以上継続して事業を行っている非上場会社であること、②現経営者が過去又は合意時点において会社の代表者であること、③後継者が合意時点で会社の代表者であること、④現経営者からの贈与等によって株式を取得したことにより会社の議決権の過半数を保有していること、⑤当事者（現経営者の遺留分を有する推定相続人）全員の合意があること、といった要件を満たす必要があります。

そして、上記の要件を満たしている場合に遺留分を有する相続人間全員で合意書を作成し、経済産業大臣の確認、家庭裁判所の許可を受けることで初めて当該合意は効力を生じます。

合意書には、①合意が会社の経営の承継の円滑化を図ることを目的とすること、②後継者が現経営者からの贈与等により取得した自社株式についての除外合意または固定合意（もしくはその両方）③後継者が合意した対象の株式を処分した場合や現経営者の生存中に後継者が会社代表者でなくなった場合に非後継者が取ることができる措置の定め（例えば、非後継者は他の非後継者と共同して当該合意を解除できる等）が必ず記載されていなければなりません（必要的記載事項）。また、後継者が現経営者からの贈与等により取得した事業用資産などの自社株式以外の財産や非後継者が現経営者からの贈与等により取得した財産を遺留分算定の基礎財産から除外する旨の合意や推定相続人間

の公平を図るための措置（後継者は非後継者に対し一定額の金銭を支払うなど）について記載することもできます（任意的記載事項）。

そして、合意書の作成から1カ月以内に、経済産業大臣の確認を申請しなければならず、経済産業大臣の確認を受けてから1カ月以内に家庭裁判所の許可の申立をしなければなりません。なお、経済産業大臣確認の申請及び家庭裁判所への許可の申立は、いずれも後継者単独で行うことができるため、遺留分の放棄に比べると非後継者の手続的な負担が大きく軽減されているといえます。

【3】会社法上の諸制度の利用

　同業他社にあなたの会社の事業を引き継いでもらう方法としては、M＆A（企業の合併や買収）により会社そのものを売却するなどして経営を引き継いでもらうことが可能です。M＆Aでは、合併、株式交換、株式移転、会社分割、株式譲渡、事業譲渡といった会社法上の制度が利用されています。

①合併

　合併とは、会社の全資産・負債、従業員等を丸ごと他の会社に承継する手法です。実務上は合併する2つの会社の一方（あなたの会社）が解散し、その資産や負債・人材・技術などの経営資源をもう一方の存続会社（事業承継する会社）が吸収し引き継ぐ形の合併（吸収合併）がなされることがほとんどです。

②株式交換

　株式交換とは、株主総会の特別決議によってあなたの会社の全株式と他社株式等を交換することです。この場合、あなたの会社は交換先会社の100％子会社（完全子会社）になり、あなたが保有していた自社株式が交換先会社の株式や現金に変わります。

③株式移転

　株式移転とは、事業承継する会社が完全親会社となる持ち株会社を設立し、事業承継をする会社もあなたの会社も新設された持ち株会社

の完全子会社となる方法です。

④会社分割

　会社分割とは、あなたの会社の事業部門うちの一部門を切り出して、他の会社に承継する方法です。事業譲渡との違いは、買い手企業側は事業承継の対価として現金ではなく株式を利用できることにあります。

⑤株式譲渡

　株式譲渡とは、あなたが所有している自社株式を事業承継する会社等に売却することです。

⑥事業譲渡

　事業譲渡とは、あなたの会社の事業の一部を他の会社に売却することです。事業譲渡の場合、会社分割に比べてより個別の事業単位での売却が可能です。

【関連法規】民法第1049条1項、会社法第743条〜第816条、経営承継円滑化法

第7章

遺産分割手続

45 共同相続における権利の承継の対抗要件

Q ①父親は、その所有する土地甲を私に相続させる旨の遺言をして亡くなりました。私は、手続きがよく分からず、忙しかったこともあって、父の遺言に基づいて土地甲の登記を私に変更することなく放置していました。そうしたところ、父の相続人である私の弟が土地甲の登記を自分の名義として第三者に売却してしまいました。このような場合、私はその第三者から甲土地の権利を主張できるのでしょうか。

②父親は、私の相続分を3分の2、弟の相続分を3分の1とする旨遺言をして亡くなりました。私は、手続きがよく分からず、忙しかったこともあって、父の遺言に基づいて土地甲の登記を変更することなく放置していました。そうしたところ、弟が土地甲の登記を自分の名義として第三者に売却してしまいました。このような場合、私はその第三者に甲土地につき3分の2の権利があることを主張できるのでしょうか。

③父親は、すべての財産を私に相続させる旨の遺言を残して亡くなりました。相続人は私と弟の2人です。父の遺産には1000万円の預貯金があります。預貯金の払い戻しを受けるにはどのような手続きが必要でしょうか。

A 【1】 問1について

　お父さんの遺言によれば、弟さんは土地甲の権利を持っていませんから、当然土地甲を誰かに売却することはできないはずです。ですが、今回、弟さんは土地甲の登記を自分の名義にして第三者に売却してしまいました。土地のような不動産は、登記をしていないと第

三者に対して権利を主張できなくなってしまうのではないかという問題です。

特定の遺産を特定の相続人に「相続させる」趣旨の遺言は、遺贈であることが明らかな場合などを除き、原則として遺産分割の方法を指定したもの考えられます。そのため今回の遺言の内容は、土地甲をお兄さんに相続させるという遺産分割方法の指定がされているといえます。ところで、相続による権利の承継は、法定相続分を超える部分については、登記などの対抗要件を備えなければ第三者に対抗できません。そしてこれは、土地のような特定の財産を承継させる遺言の場合にも当てはまります。お父さんの相続人が、兄弟2人のみの場合、その法定相続分は各2分の1となります。そうすると、土地甲について、お兄さんの法定相続分である2分の1超える部分の権利については、お兄さん名義の登記をしていない以上、土地甲を購入した第三者に対して主張することはできません。

本問では、あなたの法定相続分である2分の1に限り、土地甲の権利を主張することができることになります。

【2】問2について

問2は、遺言でお兄さんの相続分を3分の2、弟を3分の1とするという相続分の指定がされています。この場合も、問1の場合と同様に、相続による権利の承継は、法定相続分を超える部分については、登記などの対抗要件を備えなければ第三者に対抗できませんから、土地甲についてお兄さん名義の登記をしていない以上、第三者にあなたの法定相続分である2分の1を超える3分の2の権利があることを主張することはできません。

【3】問3について

相続人が兄弟2人である場合、法定相続分はそれぞれ2分の1とな

りMS。すべての財産をお兄さんに相続させる旨の遺言の内容は、問1や2と同様、法定相続分を超える権利の承継となり、第三者に対して権利を主張するためには、対抗要件を備える必要があります。ここでいう「第三者」には、債務者も含まれます。

預貯金の払い戻しを受ける権利は債権です。預貯金の払い戻しを行う債務を負う債務者である銀行に対して、お兄さんは債権の対抗要件を備える必要があります。債権の対抗要件は、債務者への通知又は債務者の承諾であり、債務者以外の第三者に対抗するためには、確定日付のある証書によって行う必要があります。

本問で、あなたが銀行から1000万円の預貯金の払い戻しを受けるためには、共同相続人である兄弟が銀行に通知するか、銀行が承諾することが必要となります。それにより、あなたは預貯金の払い戻しを請求できるようになります。

ところで、共同相続人間で感情的対立などがあり、他の共同相続人の協力が得られず、通知ができない場合が考えられます。このような場合は、法定相続分を超えて債権を承継した共同相続人が当該債権に係る遺言の内容を明らかにして債務者に承継の通知をすることで、共同相続人の全員が債務者に通知をしたものとみなされます。

本問では、法定相続分を超えて債権を承継したあなたが、債務者である銀行に遺言の内容を明らかにして通知をすることで、銀行に対して預貯金の払い戻しを請求できることになります。

ここでいう、遺言の内容を明らかにする方法としては、遺言書を交付することが考えられますが、それに限らず、客観的に遺言の有無やその内容を判断できるような方法でよいとされています。例えば、相続人が遺言の原本を提示し、債務者の求めに応じて債権の承継の記載部分の写しを交付するという方法も考えられます。

【関連法規】民法第908条、同第899条の2、同第900条、同第177条、同第467条

46 遺言がある場合の分割手続

Q 遺言がある場合には、遺言と異なる遺産分割をすることはできないのでしょうか。

A 【1】遺言がある場合の遺産分割の原則

遺言がある場合は、原則としてその遺言に沿って遺産が分割されます。わが国のような私有財産制の国においては、自分の財産の処分は自分の意思をもって自由に決定することが認められています。遺言は、被相続人の最後の意思表示ですから、遺言でもってその人は、自分の財産を誰にどれだけ譲るかを自由に決定できるのです。そして、被相続人の最終意思は尊重されなければなりません。

例えば、「自宅の土地建物は妻に、預金は長男に、株式は長女に」というような遺産分割方法を指定した遺言があった場合、それぞれの遺産は遺言の趣旨に沿って、相続開始と同時に当該相続人に直接帰属することになります。

また、「遺産の2分の1は長男に、残りの2分の1は3人の姉妹で分けるように」というように、相続する割合（これを相続分といいます）のみを指定した遺言もあります。こうした場合は、遺言の趣旨に沿って、具体的に誰がどれを相続するかについて、遺産分割協議を行う必要があります。

【2】遺言と異なる遺産分割をする方法

一方、遺言により利益を得た相続人や受遺者も自分の財産を処分する自由がありますから、遺言により得た利益や遺贈を放棄することが認められています。また、遺言の内容そのものが年月の経過等により実行不可能となっていたり、遺言の実現が経済情勢や相続人の生活状

況の変化により妥当性を失っていたりしている場合もありますので、遺言の内容に従うことが常に合理性があるとは限りません。

　そこで、遺言がある場合でも相続人全員（受遺者がいる場合には受遺者も含みます）の同意があれば、遺言と異なる遺産分割をすることができます。例えば、「自宅の土地建物は妻に、預金は長男に、株式は長女に」という遺言があった場合、相続人３人全員の同意があれば、「自宅の土地建物は長男に、預金は長女に、株式は妻に」というように、遺言の内容を変更して遺産分割をすることができることになります。

　また例えば、「遺産の２分の１は長男に、残りの２分の１は３人の姉妹で分けるように」という遺言があった場合でも、相続人全員の同意があれば、遺産分割の協議の中で「全員が４分の１ずつ等分に取得する」というように、遺言の内容を変更して遺産分割をすることができます。

【3】遺言執行者がいる場合

　ただし、遺言執行者がいる場合には問題があります。遺言執行者は遺言内容に従って執行することが本来の職務ですから、相続人全員の同意により遺言の内容と異なる財産処分を求められても、遺言に基づいた執行をすることができます。その反面、遺言執行者がいる場合には、相続人は相続財産の処分その他遺言の執行を妨げるべき行為をすることができないことになっており、相続人がこれに反してなした行為は無効とされます。

　そこで、遺言執行者がいる場合に相続人全員が遺言と異なる遺産分割を望んだとき、遺言執行者はそのような分割に同意をすることができるかという問題があります。

　遺言執行者としては、例えば、遺留分を侵害する遺言において遺留分減殺請求権が行使された場合などのように、相続人間の争いを調整するために、事実上遺言を一部修正したうえで執行せざるを得ない場合があります。したがって、相続人全員の同意があれば、遺言執行者

はそのような分割に同意をすることができると考えることができます。この点について、遺言執行者の同意のもとに、利害関係人全員（相続人・受遺者）の同意の上でなされた相続財産の処分行為を有効とした裁判例があります。

さらには、遺言執行者の承諾なしに、相続人全員の同意のもとに、遺言の内容とは異なる財産処分をしてしまった場合はどうなるかという問題があります。

むずかしい問題ですが、遺言者の意思の尊重といっても、遺留分減殺請求権の行使があった場合や受遺者が遺贈を放棄した場合など遺言の内容が修正されることはあり得えます。また、いったん受け取った相続財産を相続人間で改めて交換するなり譲渡することも可能です。したがって、あえて無効とするまでもないようにも思えます。

いずれにしても、現時点での実務の上では、遺言執行者がいる場合において、遺言内容と異なる遺産分割協議や遺産分割調停を行うときには、遺言執行者を加えた上で成立させる必要があるといえます。

【関連判例】東京地判昭63・5・31判例タイムズ683号181頁

47 遺言がない場合

Q 父が亡くなりましたが、遺言書などは発見されませんでした。

①このような場合、父の遺産をどのように分割すればよいでしょうか。分割の方法に法律上の制限はありますか。

②相続人の間で分割協議が整わなかった場合、裁判所で調停や審判の手続を行う必要があると聞きました。それぞれの手続の流れや内容を教えて下さい。

③弁護士会には「遺産整理手続」という制度があると聞きましたが、どのような手続ですか。費用はどれくらいかかりますか。

A 【1】遺言がない場合の遺産分割手続の方法

お父様の遺産を分ける上で、まず誰が相続人かを確認してください（本書第1章参照）。

また、お父様の遺産を特定してください（本書第2章参照）。

お父様の相続人があなた一人の場合、あなたが遺産全てを相続することになります。

相続人が複数いらっしゃる場合、遺産をどう分けるか、相続人全員の間で話合いをすることになります。

この話合いを、遺産分割協議といいます。

相続人全員が合意できたのであれば、お父様の遺産をどのように分割するかは自由です。

ただし、お父様の遺産の中に借金があった場合、相続人全員で借金をどう負担するか決めても、その債権者が同意しない限り、債権者からの相続分に応じた請求を逃れることはできません。

遺産分割のやり方、例えば、相続人の間で会って話をするのか、メールや電話で話をするのかは、自由です。

　相続人の間でお父様の遺産を分けた後、遺産を受け取るためには、話合いの結果を、遺産分割協議書という書面に残す必要があります。

　遺産分割協議書の書き方によっては、金融機関（預金を引き出す場合）や法務局（登記を移す場合）が、遺産の名義の変更を受け付けてくれないことがあります。

　遺産の分割について話合いが成立したのであれば、その時点で、専門家である弁護士に相談することをお勧めします。

　トラブルなく財産を移転するための遺産分割協議書を作成できます。

【2】遺産分割調停、審判について

　何らかの原因で、相続人の間で分割協議が整わなかった場合、お父様の遺産をどう分けるか、裁判所を通じて解決することになります。

　この場合、原則、まずは家庭裁判所で話合うことになります。

　この話合いを調停といいます。

　調停手続は、原則、相続人全員が、参加する必要があります。

　調停は、当事者が、所管の家庭裁判所に申立書を提出することで、開始します。

　調停手続では、裁判所の調停委員という人に、対立する当事者双方の言い分を、交代で聞いてもらいます。

　その中で、お互いが納得できる解決案を探ることになります。

　調停委員に話を聞いてもらう際、対立する相続人同士が、顔を合わせることはありません。

　調停手続で話合いがついた場合、裁判所が、その内容を、調停調書という書面にまとめてくれます。

　調停調書があれば、遺産を受け取ることが可能になります。

　調停で話合いがまとまらなかった場合、調停は終了となり、自動的に審判手続に移行します。

審判とは、裁判所が、お父様の遺産について、強制的に分割してしまう手続です。

　分割の方法は、原則、法定相続分に従ってされます。

　遺産に不動産がある場合、売却しなければならなくなる可能性があります。審判がでて確定した場合、審判書に基づいて、遺産を受け取ることになります。

　以上が、調停、審判の流れや内容です。

　なお、今まで、「原則」と書いたものには、法律上、例外もあります。例外が当てはまるかどうかや、調停や審判を、どこの裁判所に、どのように申立て、何を主張するかは、個別の事件で大きく変わります。それによって、遺産分割の結果が大きく変化する可能性があります。相続人の間で分割協議が整わなかった場合、専門家である弁護士に相談することを強くお勧めします。

【3】遺産整理手続について

　遺産整理手続とは、岡山弁護士会が行う、公正・中立な遺産調査・遺産分割・遺産配分手続です。

　手続は、岡山弁護士会にお電話（086-223-4401）をいただき、受付が完了すれば開始します。

　弁護士会が選任した弁護士が、①で述べた相続人の確認や、遺産の調査を行います。

　調査完了後、弁護士が、遺産分割協議に立ち会い、協議の成立を図ります。協議が成立した場合、弁護士が、遺産分割協議書を作成します。

　最後に、弁護士が、協議書の内容に基づいて、遺産の名義を変更します。

　遺産整理手続では、必要に応じて、税理士や不動産鑑定士など、法律家以外の専門家も、手続に関与します。

　遺産整理手続のご利用にあたり、特に注意いただきたい点が２点あ

ります。

　1点目は、遺産整理手続で関与する弁護士は、公正・中立な立場で活動する点です。ご依頼頂いた方に有利な遺産分割を図るわけではありません。

　自分に有利な助言が必要だとお考えの場合、ご自身で、別途、弁護士を選任していただく必要があります。

　2点目は、裁判所の審判手続のように、強制力がある手続ではありません。

　相続人の中に、話合いによる解決を拒否する方がいらっしゃれば、遺産整理手続は不成立となってしまいます。

　要するに、遺産整理手続とは、争いのあまりない事件で、公正・中立な遺産分割に必要な手続を、全て、弁護士が代行する手続とご理解ください。

　この手続のメリットは、裁判所の遺産分割協議手続より早く解決可能であることです。

　また、金融機関などが行っている同じような手続より、専門的かつリーズナブルな手続が可能な点も、大きなメリットです。

　遺産整理手続の費用は、申立手数料30万円、期日が開かれた場合1回通常1万円、相続財産の金額に応じて遺産調査手数料・成立手数料が発生します（いずれも消費税別途）。

　詳細は、岡山弁護士会にお問い合わせください。

　この解説の内容の詳細など、遺言・相続の問題について、相談する弁護士をご存知ない方は、岡山弁護士会の無料電話相談をご利用ください。

　毎週水曜日、岡山弁護士会の弁護士が、対応致します。

　詳細は、岡山弁護士会にお問い合わせください。

48 未成年者などへの遺産分割

Q ①働き盛りの夫が、突然の事故で亡くなってしまいました。相続人は、妻である私と、10歳の娘の２人だけです。夫には、自宅マンションや預金などの財産がありましたが、これらの遺産を私と娘の間で分割するためには、どのような手続が必要ですか。娘の親権者である私が娘を代理して遺産分割協議を行うことはできますか。

②父が88歳で亡くなりました。相続人は、80歳の母と、私を含めた３人の子供です。母は、認知症のため、息子である私の顔も分からないような状況です。父の遺産について法定相続人の間で分割協議をする場合、母を除いて遺産分割協議を行うことはできますか。

③父が亡くなったため、父名義となっている実家の土地建物や畑の名義を変更する必要が生じました。母は３年前に既に亡くなっています。相続人は私を含めて５人の子供たちですが、２年ほど前から、２番目の兄と全く連絡がつかなくなり、現在どこにいるのかも分からない状況です。また、いちばん末の弟は、学生の時に家出をして以来、数十年にわたり家に一度も戻っておらず、生きているのか死んでいるのかも分からない状況です。父の遺産について分割協議をするためには、どのような手続が必要でしょうか。行方の知れない兄弟を除いて遺産分割協議を行うことはできますか。

A 【1】相続人に未成年者がいる場合

　　あなたが娘さんを代理して遺産分割協議を行うことはでき

ません。

　家庭裁判所に娘さんの特別代理人を選任してもらい、その特別代理人との間で遺産分割協議を行います。

　親権者（多くの場合は親）は、子の財産に関する法律行為について代理できるのが原則であり、遺産分割も法律行為の一種です。

　しかし、外形的・客観的に利害が対立する「利益相反行為」は、親権者が、その子である未成年者の法律行為を代理して行うことはできません。子である未成年者との間の遺産分割は、利益相反行為にあたります。仮に行うと、その効力は原則として無効とされます。

　本件での相続人はあなたと10歳の娘さんの２人だけですから、あなたが娘さんを代理して遺産分割協議を行うことはできません。

　有効な遺産分割を行うためには、家庭裁判所に娘さんのための特別代理人を選任してもらう手続が必要です。そして、あなたと特別代理人との間で遺産分割協議を行うことになります。

【２】相続人に意思無能力者がいる場合

　お母さんを除いた３人の子供だけで遺産分割協議を行うことはできません。

　家庭裁判所にお母さんの成年後見人等を選任してもらい、その成年後見人等がお母さんの代理人となってあなた方と遺産分割協議をします。

　遺産分割協議では、相続人全員の意思が反映されることが重要であることから、共同相続人全員の参加と同意が必要とされ、一部の相続人を除外して行った遺産分割は無効となります。

　したがって、お母さんを除いた３人の子供だけで遺産分割協議を行うことはできません。

　他方で、お母さんは認知症で息子であるあなたの顔も分からないほどですから、遺産分割協議を自身で行うのに必要とされる意思能力について問題があると思われます。

このままお母さんを交えて、お母さんと3人の子の合計4人で遺産分割協議をしても、その遺産分割は共同相続人のひとりであるお母さんの意思に基づくものとは認められず、やはり無効です。

共同相続人の中に意思能力に問題がある相続人がある場合、有効な遺産分割協議を行うには、別途の手続が必要となります。

その相続人の意思能力の問題の程度によって、成年後見人や、保佐人、補助人を家庭裁判所に選任してもらい、その成年後見人等が、その相続人に代わって手続きに参加して遺産分割協議ができる体制を整えます。

その上で、成年後見人等と他の相続人との間で遺産分割協議を行うことで、有効な遺産分割が可能となります。

本件でお父さんの遺産について有効な遺産分割をするには、まず、意思能力に問題があるお母さんのために、遺産分割についての権限を有する成年後見人等を家庭裁判所に選任してもらいます。

その上で、成年後見人等と他の法定相続人である3人の子供で遺産分割協議を行うことになります。

【3】相続人に行方不明者がいる場合

お父さんの遺産について分割協議をするためには、行方不明の兄弟について、不在者財産管理人の選任や失踪宣告の手続などをするとよいでしょう。

このお二人を除いて遺産分割協議をしても、有効な遺産分割にはなりません。

前で述べたとおり、遺産分割協議には、共同相続人全員の参加と同意が必要とされ、一部の相続人を除外して行った遺産分割は無効となります。

本件での共同相続人は、あなたを含めたご兄弟5人の方々です。原則として5人全員による協議をしなければ、有効な遺産分割はできません。そのまま行方の知れないご兄弟お二人を除いて遺産分割協議を

しても、遺産分割は無効です。

　とはいえ、行方不明のお二人の参加は現実的には困難と思われます。よって、一定の対応や手続が必要となります。

　まず、遺産分割に際して、共同相続人の中に行方不明者がいる場合は、その人の戸籍の附票などから所在を調査すべきでしょう。

　行方不明のご兄弟お二人の最新の戸籍の附票を取り寄せるなどして、調べることになります。

　それでも行方が知れないときは、行方不明の相続人を不在者として、家庭裁判所に不在者財産管理人を選任してもらい、他の相続人と遺産分割協議をすることになります。なお、不在者財産管理人は、不在者の財産の管理は当然にできますが、その財産の処分については家庭裁判所の許可が必要とされます。遺産分割は不在者の財産を処分する行為に当たるので、不在者財産管理人は、遺産分割協議を成立させるには、家庭裁判所の許可を得なければなりません。

　上記の方法を用いれば、共同相続人の中に行方不明者がいる場合でも有効な遺産分割を行うことが可能です。

　さらに、不在者の生死が７年間以上明らかでないなどの場合には、家庭裁判所による失踪宣告をもってその相続人が死亡したものと法律上みなした上で、遺産分割手続を進めることも可能です。

　例えば、共同相続人の１人が行方不明になってから７年間生死不明の場合、他の相続人は法律上の利害関係人として、家庭裁判所にその行方不明者について失踪宣告をするよう請求できます。

　失踪宣告がされると、宣告を受けた行方不明の共同相続人は７年間の失踪宣告期間が満了した時点で死亡したものとみなされます。その場合、問題となっている相続について、残りの相続人で遺産分割手続を進めることができます。

　本件では、２番目のお兄さんは２年ほど前から連絡がつかず現在の居場所も分からないということですから、戸籍などから調査しても行

方が分からなければ、このお兄さんについて不在者管理人の選任を家庭裁判所に申立てます。家庭裁判所により選任された不在者財産管理人が2番目のお兄さんに代わって遺産分割協議に参加し、遺産分割手続を進めることになります。

　いちばん末の弟さんは数十年にわたり行方も生死も不明のようですから、この弟さんについては、家庭裁判所に失踪宣告の申立てを行い、失踪宣告がされると、お父さんの相続について死亡したものとみなされます。この弟さんにお子さんなど弟さんに代わって相続権を有する人がいなければ、他の共同相続人全員で遺産分割協議を行うことができます。

【関連法規】民法第826条第1項、同第113条、同第838条以下、同第25条1項、同第30条第1項、同第31条
【関連判例】最判昭42・4・18民集21巻3号671頁

49 協議中の遺産の管理

Q 父が亡くなって1年以上になりますが、相続人の間で遺産分割協議が調っていません。相続人は、私を含めた息子3人です。父は、このあたりでは名の知れた資産家で、自宅の土地建物のほか、リゾート地の別荘や、賃貸用のマンションを所有していました。

①自宅が台風の直撃を受け、屋根瓦が飛ぶ、窓ガラスが割れるなどの被害を受けました。私が単独で修理してもよいでしょうか。また、私が父の自宅に住むことに問題はないでしょうか。

②リゾート地の別荘について、私たち兄弟には使うあてがないので、誰かに貸して賃料収入を得ればいいのではないかと思っています。私が単独で誰かに貸してもよいでしょうか。売却する場合はどうでしょうか。

③賃貸用のマンションについては、父の死後も、入居者が毎月の賃料を支払ってくれています。この賃料は誰がいつ取得するのでしょうか。

A 【1】相続財産の管理方法

　相続人が複数いる場合、相続財産は共同相続人の共有になり（民法898条）、各相続人は相続分に応じて被相続人の権利義務を承継します（民法899条、900条）。

　そのため、遺産分割がなされていない遺産についても共同相続人がその相続分に応じて権利を有するので、遺産の管理権限も共同相続人に相続分に応じて帰属し、共同して管理することになります。

　判例によると、遺産の管理方法については、民法の「共有」に関す

る定めに従うことになりますが、民法はその管理方法について以下のとおり定めています。

①**保存行為**

　意味：現状を維持する行為

　方法：相続人が単独で行うことができる（民法252条ただし書）

②**管理行為**

　意味：財産の性質を変更しない範囲内の利用改良行為

　方法：相続分の過半数の同意により行うことができる（民法252条本文）

③**変更・処分行為**

　意味：物理的な変更、権利の処分行為

　方法：相続人の全員の同意により行うことができる（民法251条）

　以上を踏まえ、質問の内容を検討します。

【２】**質問①について**

①**家屋の修繕（保存行為）**

　家屋の修繕は、現状を維持する行為であり「保存行為」にあたりますから、各相続人が単独で行うことができます。

②**家屋の使用（管理行為）**

　遺産である家屋の利用は、遺産の「管理行為」にあたりますから、相続分の過半数の同意があれば相続人の１人が家屋を使用することができます。

【３】**質問②について**

①**賃貸**

　第三者への遺産の賃貸は、現状を維持する行為ではなく「保存行為」とはいえないため、相続人が単独で行うことはできません。そして、第三者への遺産の賃貸は、以下のとおり、その賃貸期間に応じて「管理行為」と「処分行為」に分かれます。

　・民法602条の期間を超える賃貸

裁判例は、民法602条の期間（建物は３年）を超える賃貸を遺産の「処分行為」と判断しました。よって、民法602条の期間を超える賃貸をするためには、共同相続人全員の同意が必要です。

・民法602条の期間を超えない賃貸

　裁判例は、民法602条の期間を超えない賃貸を遺産の「管理行為」と判断しました。よって、民法602条の期間を超えない賃貸をするためには、相続分の過半数の同意が必要です。共同相続人全員の同意までは必要ありません。

②売却

　遺産の売却は「処分行為」ですから、相続人単独で遺産の売却はできず、共同相続人全員の同意が必要です。

【４】質問③について

　判例は、相続開始から遺産分割までの賃料を誰が取得するかが争われた事案において、相続開始から遺産分割までの間、遺産である不動産を使用管理した結果生ずる賃料債権は共同相続人がその相続分に応じて分割単独債権として確定的に取得し、その後の遺産分割の影響を受けないと判示しました。

　よって、相続開始後のマンションの賃料は、共同相続人が相続分に応じて毎月の賃料支払時に確定的に取得します。

　なお、以上の見解によれば、各相続人は相続分に応じて賃料債権を確定的に取得していますから、一部の者が単独で賃料を取得した場合、他の相続人は賃料を取得した相続人に対し、民事訴訟を提起して自己の相続分に応じた金銭の支払いを求めるのが原則です。しかし、実務上は、相続人全員の同意がある場合、遺産分割手続の中で賃料の分配を協議することもできるとされています。

【関連法規】民法第251条、同第252条、同第898条、同第899条
【関連判例】東京高判昭50年9月26日判時805号67頁、最判平17年9月8日民集59巻7号1931頁

50 遺産分割協議書の作成

Q ①母が亡くなりました。相続人は、私と、私の兄、妹です。私たちは、母の遺産である不動産と預金の分割協議を行ってきました。ようやく、皆が納得する形で協議がまとまりそうです。協議がまとまった場合、その内容を書面に残しておいた方がよいでしょうか。書面に残す場合、どのようなことに注意したらよいですか。

②遺産分割協議書の作成が終わり、ホッとしていたところ、母宛に証券会社から封書が届きました。この証券会社に連絡してみたところ、母が株式を持っていたことが新たに分かりました。遺産分割をやり直さなければいけませんか。

A 【1】遺産分割協議が整った場合

相続人全員の間で遺産分割協議が整ったとして、これを書面にすること（遺産分割協議書を作成すること）は法律上必要とされていません。しかし、次の理由から、遺産分割協議書は作成した方がよいでしょう。

①書面にすることによって、後日の紛争を防止できます。

②遺産の中に不動産がある場合、遺産分割によって、その所有権を移転する登記手続をするためには、遺産分割協議書が必要となります。

③遺産の中に預貯金があって、相続の手続をする場合、遺産分割協議書の提示を求められることがあります（金融機関によって扱いが異なります。金融機関所定の書式が必要な場合もありますので、事前に確認をしておいたほうがよいでしょう。）。

④相続税の申告が必要な場合、法定相続分と異なった遺産分割をした

ときなどに、遺産分割協議書が必要となります。

　以上のことから、遺産分割協議が成立した場合には、遺産分割協議書を作成することをお勧めします。

　次に、遺産分割協議書を作成する場合に気を付けたい点をお伝えします。

①誰が、どの遺産を取得するのか明らかにしましょう。

　特に、遺産の内容について正確に記載し、「特定」できるように気を付けましょう。ここでの「特定」は、ほかの財産と間違えることなく識別できるという意味であると考えてください。

　不動産であれば、その登記事項証明書（「登記簿謄本（とうきぼとうほん）」などとも呼ばれます。）を最寄りの法務局で取得し、そこに記載されているとおりに正確に記載しましょう。

　預貯金であれば、金融機関名、支店名、口座種類、口座番号、名義人まで記載しておきましょう。

　ポイントは、事情を全く知らない人（例えば、不動産の登記官や金融機関の職員といった、遺産分割協議後の手続に関わる人）が遺産分割協議書の記載から、どの遺産を指すかを明確に判断できるようにする、という観点を持つことです。

②印鑑は、実印（役所に印鑑登録しているもの）を使いましょう。

　後日の紛争を防ぐためです。また、不動産の登記手続のように、遺産分割協議書に実印を押し、相続人全員の印鑑証明書を添付しなければならないものもあります。

③遺産分割協議書が２枚以上にわたる場合、相続人全員の印鑑（実印）で契印（けいいん）をしましょう。

　契印とは、２枚以上の文書が一体であることを示すための印です。すべてのページの見開き部分にまたがるように押印する方法などがとられます。一部のページの差し替え防止の機能を果たします。

④相続人の数だけ遺産分割協議書を作成し、各相続人が１通ずつ保管

しましょう。

　この記事の末尾に、遺産分割協議書の作成例（遺産全てを分割する場合）を示します。なお、作成例中の「被相続人」は、相続人に引き継がれる遺産を有していた故人を指します。

【２】新たに遺産が発見された場合

　後日、新たに遺産が発見された場合、既になされた遺産分割協議を始めからやり直す必要があるのかどうかは、新たに発見された遺産の重要性（遺産分割協議に与える影響）によって異なります。

　もし、その遺産の存在が当初から判明していれば、全く異なった遺産分割協議になったであろう場合などには、協議が無効となる可能性があります。

　他方、そのような特段の事情がない場合には、遺産分割協議をやり直す必要はなく、新たに判明した遺産について分割手続をすることになります。

　類似の問題として、当初から遺産の一部のみの分割協議を行うことはできるかというものがあります。例えば、遺産として不動産と預貯金があって、預貯金だけは分け方に争いがないような場合、先行して預貯金だけの分割はなしうるかということです。これは有効になしうるものとされてきましたが（改正後の民法907条１項では、遺産の「全部又は一部の」分割をすることができると明示されました。）、裁判例には、一部分割をするにあたっては、相続人間において遺産分割を行う部分と残りの部分とを「明確に分離した上で分割するとの合意が存在しなければならない」とするものがあります（下記関連判例の福岡家小倉支審昭和56・6・18）。

　結局、遺産分割協議を（遺産の一部であっても）有効に行うためには、まず、相続人全員が、遺産全てを把握すべきといえます。しかし、分割協議後に新しい遺産が発見されるということも十分あり得るところです。そのため、遺産分割協議書では、新しい遺産が発見された場

遺産分割協議書

　被相続人●●の遺産分割について、相続人全員で協議し、各相続人が次のとおり分割し取得することを決定した。

第1条　相続人甲野一郎は、次の遺産を取得する。
　　　（土地）
　　　　　所　　　在　　岡山県岡山市●区●●町●丁目●番
　　　　　地　　　番　　●●番●
　　　　　地　　　目　　宅地
　　　　　地　　　積　　●●．●●平方メートル
　　　（建物）
　　　　　所　　　在　　岡山県岡山市●区●●町●丁目●番●
　　　　　家屋番号　　●●番●号
　　　　　種　　　類　　居宅
　　　　　構　　　造　　木造瓦葺2階建
　　　　　床　面　積　　1階　●●平方メートル　2階　●●平方メートル

第2条　相続人甲野次郎は、次の遺産を取得する。
　　　　　●●株式会社の株式1000株

第3条　相続人乙野花子は、次の遺産を取得する。
　　　　　●●銀行●●支店の被相続人名義の普通預金（口座番号●●●●●
　　　　　●）の全て

第4条　後日新たに判明した遺産の取得は、本協議による分割を前提として、相続人全員が別途協議して定める。

　本協議の成立を証するため、本書を3通作成し、各相続人において署名押印の上、各1通を保有する。
平成　　年　　月　　日
住　　所
相続人
住　　所
相続人
住　　所
相続人

合に、遺産分割のやり直しを防ぐ趣旨で、その取得は別途協議して定める旨の条項を入れておくことも検討しましょう。

【関連法規】民法第906条、同第907条1項～3項、同第95条
【関連判例】最判平5・12・16判時1489号114頁、大阪高決昭46・12・7判例タイムズ289号404頁、東京家審昭47・11・15日家庭裁判所月報25巻9号107頁、大阪家審昭51・11・25家庭裁判所月報29巻6号27頁、福岡家小倉支審昭和56・6・18家庭裁判所月報34巻12号63頁

第8章

配偶者居住権

51 配偶者の居住権を 短期的に保護するための方策

Q 最近、夫が亡くなりました。夫は遺言を残していません。私には2人の子がおり、その子2人と遺産分割協議をしていますが、なかなか協議が整わない状況です。私は夫が生前所有していた建物に長年住んでおり、現在もそこで暮らしています。子2人との遺産分割協議が整うまでの間、私はその建物に住み続けることはできるのでしょうか。

A 配偶者の一方が亡くなった場合、遺された配偶者は今まで暮らしてきた建物に住み続けたいと希望されることが多いと思います。これまでの判例では、配偶者が、相続開始時に被相続人（亡くなった配偶者）の建物に居住していた場合には、原則として、被相続人と相続人との間で使用貸借契約が成立していたと推認され、配偶者は居住していた建物に無償で住み続けることができました。

しかし、この判例の枠組みでは、第三者に居住建物が遺贈されてしまった場合や、被相続人が遺言などで配偶者が建物を無償で建物を使用することについて反対の意思を表示していた場合には使用貸借が推認されないため、配偶者が建物に住み続けることができないといった問題がありました。

このような事態を避け、遺された配偶者の生活を配慮し、遺された配偶者の居住の権利を保護するため、民法の相続法の規定が改正され、新たに「配偶者短期居住権」という制度が創設されました。

配偶者短期居住権とは、配偶者が亡くなった後しばらくの期間、遺された配偶者が自宅で生活できるように配慮して制定された権利（制度）です。配偶者は、相続開始時に被相続人（亡くなった夫や妻）の

所有する建物に無償で住んでいた場合には、次のとおり今まで住んでいた建物（居住建物）を短期間無償で使用することができます。

①遺された配偶者が居住建物の遺産分割に関与する（遺産分割協議に参加する）場合、居住建物を誰が相続するかが確定する日までの間、配偶者は居住建物に居住することができます（ただし、早期に遺産分割協議が成立した場合、配偶者は被相続人が亡くなった日から最低6か月間は居住建物に住むことができます）。

②居住建物が第三者に遺贈された場合や、遺された配偶者が相続放棄をした場合、遺贈や相続によって居住建物を所有することになった者から配偶者短期居住権の消滅請求を受けてから6か月間が経過するまでは、配偶者は居住建物に居住することができます。

　短期配偶者居住権の導入によって、被相続人が居住建物を遺贈した場合や、遺された配偶者が居住建物に住み続けることに反対の意思を表示した場合であっても配偶者の居住は保護されることになります。また、配偶者短期居住権によって、遺された配偶者は最低6ヶ月間は居住していた自宅に住み続けることができることになります。

　今回のご相談では、相談者は夫が生前所有していた建物に長年住んでおり、現在もそこで暮らしていることから配偶者短期居住権を主張することができます。そして、夫が生前所有していた建物（居住建物）は遺贈されておらず、相談者も相続放棄をしていないことから、建物を誰が相続するかについての遺産分割協議が整うまでは、建物に住み続けることができます。また、夫が亡くなってから6ヶ月以内に遺産分割協議が整った場合には、遺産分割協議成立後であっても夫が亡くなってから6ヶ月間は建物に住み続けることができます。

　なお、配偶者短期居住権については2020年4月1日から施行される（実施される）ことになっていますので、これよりも前に亡くなられた被相続人の配偶者に対しては、配偶者短期居住権は発生しませんのでご注意ください。　【関連法規】民法第1037条

52 配偶者の居住権を 長期的に保護するための方策

Q 今回の相続法の改正で、配偶者の居住権を長期的に保護するための方策が制定されたと聞きました。
そこで、具体的にどのような制度・方策なのかを教えてください。

A 【1】制度創設の理由

近年の社会の高齢化の進展及び平均寿命の伸長に伴う家族形態・家族観の変化の中で、被相続人の配偶者（以下「生存配偶者」といいます。）が被相続人の死亡後、長期間にわたって住み慣れた居住環境での生活を継続することは少なくありません。そこで、生存配偶者のこれまでの居住環境・居住権を確保しつつ、その後の生活資金として、居住権以外の財産（特に預貯金等）についても一定程度確保・保護すべく、所有権とは別に、配偶者居住権が創設されました。

そして、配偶者居住権が設定された住居（居住建物）の所有者は、配偶者居住権という負担付の所有権者となります。

【2】配偶者居住権の内容

次に、配偶者居住権の内容について、お話しします。

配偶者居住権は、相続開始の時に、被相続人の住居（居住建物）に居住していた生存配偶者に、原則として終身、その住居に無償で生活できる権利を確保する内容となっています。つまり、生存配偶者は、これまで使用していた住居全体について、引き続き、使用及び収益することができるということです。

また、配偶者居住権は、生存配偶者の居住権を保護するために認められた権利ですので、帰属上の一身専属権となります。そのため、配

偶者居住権を譲渡することはできません。さらに、配偶者居住権は、法律上の配偶者に限定されており、内縁の配偶者や事実婚の配偶者には、適用はありません。

　加えて、生存配偶者が死亡した場合には、当然に配偶者居住権は消滅し、相続の対象にもなりません。

【4】配偶者居住権の成立要件について

　配偶者居住権の成立要件は、配偶者が相続開始の時に被相続人所有の建物に居住していたことを前提に、①その建物について、生存配偶者に配偶者居住権を取得させる旨の遺産分割、②被相続人からの遺贈、③死因贈与契約、④家庭裁判所の審判、のいずれかによりなされたこと、となっています。

　ここで、「被相続人所有の建物に居住していた」という要件に関連して、被相続人死亡時に、生存相続人が入院していたり、施設へ入所していたりという場合が想定されます。

　しかし、この場合、生存配偶者の入院・入所が一時的なもので、家財道具が建物に存在し、退院・退所後に、当該建物に帰ることが予定されていた等であれば、このような生存配偶者については、「被相続人所有の建物に居住していた」という要件を満たすものと考えられます。

【5】配偶者居住権を第三者に対抗する手続

　生存配偶者が、配偶者居住権を第三者に対抗するには、配偶者居住権の設定の登記が必要となります。

　遺産分割に関する審判や調停によって配偶者居住権を取得したときは、その審判書や調停調書に、配偶者が単独で配偶者居住権の登記手続をすることができるよう記載されることが通常ですので、審判書や調停調書に基づき単独で申請をすることができます。

　また、遺産分割に関する審判書や調停調書がない場合には、配偶者居住権の設定の登記は、生存配偶者と居住建物の所有者と共同で申請する必要があります。

もっとも、居住建物の所有者が登記の申請に協力しない場合は、生存配偶者は、居住建物の所有者に対して登記義務の履行を求める訴えを提起することができ、この訴えが認められれば、判決に基づき、生存配偶者は、単独で登記申請をすることができます。

【5】配偶者居住権が設定された場合の居住建物の修繕費用等について

　配偶者居住権が設定された場合の居住建物の修繕費用等は、居住建物の所有者が負担することなく、生存配偶者が負担することとなります。

　また、配偶者居住権が設定された場合の固定資産税についても、生存配偶者が負担することになります。

【6】配偶者居住権の施行期日について

　2020年4月1日からとなっておりますので、ご注意ください。

【関連法規】民法第1028条から同1036条、不動産登記法第60条及び第63条

第9章

相続税

53 相続税の申告と期限、被相続人の所得税の申告と納税

Q 【相続税の申告と期限について】

①相続税の申告義務があるのはどのような場合ですか。

②相続税の申告が必要な場合、いつまでに申告する必要がありますか。

【被相続人の所得税の申告と期限について】

①被相続人の所得税の申告義務があるのはどのような場合ですか。

②被相続人の所得税の申告が必要な場合、誰が、いつまでに申告する必要がありますか。また、所得税の計算方法について教えてください。

A 【1】相続税の申告と期限

相続税の納税義務者は、原則として、相続もしくは遺贈（死因贈与を含みます。以下同じ。）により財産を取得した個人又は、被相続人からの贈与について相続時精算課税制度の適用を受けた個人です。

被相続人から相続又は遺贈により財産を取得した者の「課税価格の合計額」が、「遺産に係る基礎控除額」を超える場合において、納付すべき相続税額が算出される者は、相続税の申告書を提出しなければなりません。

「課税価格の合計額」は、相続人及び受遺者の各人の課税価格を合計したものです。各人の課税価格は、相続又は遺贈により取得した財産（例えば預金や不動産など）のうち非課税財産を除いたものの価額と、相続や遺贈によって取得したとみなされる財産（例えば保険金や退職金など）で非課税限度額を超える価額との合計額から、葬式費用等や債務の額を控除し、相続開始前3年以内の贈与財産の価額を加算して

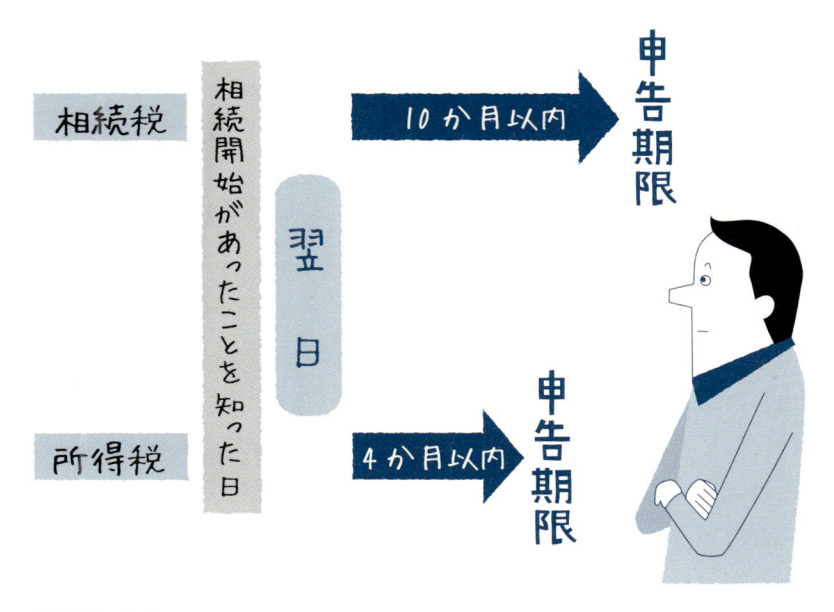

計算します。

　「遺産に係る基礎控除額」は、3000万円＋（600万円×法定相続人の数）です。

　「課税価格の合計額」から「遺産に係る基礎控除額」を控除した残額を基に、相続税の総額を計算し、相続税の総額を、各人が取得した財産の額（割合）に応じ配分し、各人の算出税額を計算します。各人の算出税額から、各人に応じた各種の税額控除額を控除し、各人の納付すべき税額を計算します。

　以上の計算の結果、納付すべき相続税額が算出された者は相続税の申告が必要です。

　相続税の申告が必要な場合、相続の開始があったことを知った日の翌日から10か月以内に、申告と納税をしなければなりません。相続税の申告書の提出先は、被相続人の死亡時の住所を管轄する税務署長となります。

　なお、相続時精算課税とは、原則として60歳以上の父母又は祖父母

から、20歳以上の子又は孫に対し、財産を贈与した場合において選択できる贈与税の制度です。相続時精算課税を選択した場合には、贈与時に課税される贈与税が一定の範囲で軽減される代わりに、文字通り相続の時に精算することになる制度で、相続税の計算上、各人の課税価格を計算する際に、相続時精算課税の適用を受けた贈与財産の価額（贈与時の価額）を加算することになります。

　また、配偶者に対する相続税額の軽減や、小規模宅地等についての相続税の課税価格の計算の特例など、相続税を軽減する特例が適用できる場合がありますが、このような特例の中には、申告書の提出を適用要件にしているものが少なくありません。このような特例の適用を受ける場合には、その特例の適用により納付すべき相続税額が０円になる場合であっても、相続税の申告書を提出しなければならないことに留意してください。

　そして、申告期限内に、相続税の申告書を提出しなかった場合には、本来の相続税額に加えて、延滞税や無申告加算税などの負担が生じることがあります。申告期限を知らなかった、調査すれば把握できた遺産を調査しなかったために基礎控除額を超える遺産があることを知らなかった、相続人間で遺産分割について揉めており、調停や裁判手続で忙しかったなどの理由は、期限内に申告書を提出しなかったことの正当な理由とは認められません。

　また、申告期限内に遺産分割ができていない場合には、いったん、法定相続割合で取得したものとして申告期限内に申告書を提出した上、遺産分割協議が成立した後、その結果に応じて、修正申告などをする必要があります。この場合、当初の申告書と共に「申告期限後３年以内の分割見込書」を提出しておかないと、配偶者に対する相続税額の軽減や、小規模宅地等についての相続税の課税価格の計算の特例などの適用が受けられなくなりますので、留意してください。

【2】被相続人の所得税の申告と期限

　所得税は、毎年1月1日から12月31日までの1年間に生じた所得について計算し、その所得金額に対する税額を算出して、翌年2月16日から3月15日までの間に申告と納税をすることになっています。しかし、被相続人は自ら所得税の申告をすることができませんから、相続人が、1月1日から死亡した日までに確定した所得金額及び税額を計算して、死亡した年分について申告と納税をしなければなりません。これを準確定申告といいます。なお、被相続人が、3月15日までに死亡して、前年分の所得税の申告をしていない場合には、死亡した年の前年分の所得税についても、準確定申告が必要となります。

　準確定申告が必要となるのは、確定申告が必要な場合と同様です。例えば、被相続人に事業所得や不動産所得などがあった場合、年間の給与収入が2000万円以上あった場合、2か所以上からの給与収入がある場合などです。

　準確定申告が必要となる場合には、相続人は、相続の開始があったことを知った日の翌日から4か月を経過した日の前日までに、申告と納税をしなければなりません。準確定申告書の提出先は、相続税の場合と同様、被相続人の死亡時の住所を管轄する税務署長となります。なお、相続人が2人以上いる場合は、各相続人が連署により準確定申告書を提出するのが原則です。他の相続人の氏名を付記したうえで、各相続人が別々に提出することもできますが、この場合、申告書を提出した相続人は、他の相続人に対して申告した内容を通知する必要があります。

　準確定申告における所得税の計算は、通常の確定申告の場合と同様の方法によります。ただし、医療費控除の対象となるのは、死亡の日までに被相続人が支払った医療費であり、死亡後に相続人が支払ったものを被相続人の準確定申告において医療費控除の対象に含めることはできません。また、社会保険料、生命保険料、地震保険料控除等の

対象となるのも、死亡の日までに被相続人が支払った保険料等の額になります。なお、配偶者控除や扶養控除等の適用の有無に関する判定は、被相続人の死亡の日の現況により行いますので、ご留意ください。

そして、相続税と同様、申告期限内に準確定申告書を提出しなかった場合には、本来の所得税額に加えて、延滞税や無申告加算税などの負担が生じることがあります。準確定申告の申告期限は、相続税と比べて短いので、特に留意が必要です。

【関連法規】相続税法第1条の3、同第2条、同第3条、同第11条、同第12条、同第13条、同第15条、同第16条、同第17条、同第19条、同第19条の2、同第21条の9、同第27条、同第55条、同附則3項、租税特別措置法第69条の4、所得税法第16条第6項、同第124条、同第125条

54 相続税が課税される財産

Q 相続税が課税される財産について教えてください。

①夫が死亡し、夫が生前に生命保険会社と契約していた生命保険契約により、死亡保険金が支払われ、妻である私が受け取りました。この死亡保険金について、相続税を支払う必要がありますか。また、死亡保険金について相続税の課税対象とならない場合はありますか。

②夫が定年退職を前に病気で亡くなりました。夫が勤めていた会社から退職金が支払われ、妻である私が受け取りました。この退職金について、相続税を支払う必要がありますか。

A 【1】死亡保険金

夫が生前に契約していた生命保険契約の死亡保険金が支払われ、妻が一時金として受け取った場合、保険料の負担者が夫であれば、相続税の課税対象となります（保険料の負担者が妻であれば一時所得となります）。

但し、死亡保険金額のうち非課税限度額までは課税されません。

仮に、上記非課税限度額を超える場合であっても、相続税の非課税限度額や、配偶者の税額の軽減の制度がありますので、相続税を払わなければならないかどうかは、一概には言えません。

【2】死亡退職金

定年退職前に死亡し、死亡後３年以内に退職金の支給が確定し、これが支払われた場合、相続財産とみなされて、相続税の課税対象となります。

但し、死亡退職金額のうち非課税限度額までは課税されません。

仮に、上記非課税限度額を超える場合であっても、相続税の非課税限度額や、配偶者の税額の軽減の制度がありますので、相続税を払わなければならないかどうかは、一概には言えません。

【相続税豆知識】

①死亡保険金の非課税限度額

　500万円×法定相続人の数

②死亡退職金の非課税限度額

　500万円×法定相続人の数

③相続税の基礎控除額

　3000万円＋600万円×法定相続人の数

④配偶者の税額の軽減

　被相続人の配偶者が遺産分割や遺贈により実際に取得した正味の遺産額が、次の金額のどちらか多い金額までは配偶者に相続税はかからないという制度（相続税の申告期限までに分割されていない財産は税額軽減の対象になりませんので注意が必要です）

　　①1億6千万円

　　②配偶者の法定相続分相当額

【関連法規】相続税法第3条第1項第1号、同第2号、同第12条第1項第5号、同第6号、同第15条、同第19条の2

55 相続税の基礎控除額

Q 今後、私が死亡した場合、妻と息子1人しか相続人がいません。遺産が3億円以上あるので、なにか節税対策をしたいと思っています。

①養子をすれば、節税対策となると聞いたのですが、息子の嫁を養子とすることは節税となりますか。

②さらに、節税対策のため、仲の良い親戚の子がいるのですが、この子をもう1人養子とすることはできますか。

A 【1】相続税の基礎控除額

　相続税は、課税価格の合計額から遺産にかかる基礎控除額を控除した課税遺産総額を計算し、その課税遺産総額を法定相続人が法定相続分に応じて取得したと仮定して各相続人の取得金額を計算し、その各取得金額に相続税の税率を適用して算出した各金額を合計して、相続税の総額を算出します。

　そして、相続税法によれば、遺産にかかる基礎控除額は、3000万円＋(600万円×法定相続人の数)とされています。したがいまして、ご質問の事例においては、現時点での遺産にかかる基礎控除額は、3000万円＋(600万円×2)＝4200万円ということになります。

【2】養子縁組による節税効果

　上記のように、遺産にかかる基礎控除額は、法定相続人の人数が多ければ多いほどその金額が大きくなります。そのため、法定相続人の人数を増やすことができればそれだけ相続税の負担を軽減することができるということになります。民法には、養子縁組の制度が定められており、この制度を活用すれば法定相続人を増やすことができますの

で、養子縁組を行うことで遺産にかかる基礎控除額を大きくすることが可能です。

ただし、相続税法では、節税目的でのみ多数の者との間で養子縁組が行われ、養子縁組が租税回避に利用されることを防ぐ目的で、法定相続人の数に算入できる養子の数が制限されています。被相続人に実子がいる場合には1人、被相続人に実子がいない場合には2人までしか法定相続人の数に算入されません。

以上の説明を前提としてご質問にお答えします。あなたには息子さんがいらっしゃるので、上記の実子がいる場合に該当し、遺産にかかる基礎控除額の計算に算入することのできる養子の数は1人のみです。ご質問事項①では、息子さんのお嫁さんを養子とすることのことですので、お嫁さんがあなたの養子となることで法定相続人の数が増加し、その分控除額が大きくなって節税になります。しかし、ご質問事項②では、息子さんのお嫁さんだけでなく、仲の良い親戚の子も養子にするとのことですので、これでは、遺産にかかる基礎控除の計算に算入することのできる養子の数の制限を超えてしまいます。制限を超えた養子の数の分については、遺産にかかる基礎控除額は大きくなりませんので、この場合、節税にはなりません。

【3】注意すべき点

上記のように養子縁組をすることによって節税効果が生じますが、注意すべき点があります。それは、養子縁組をすると、養子も相続人となりますので、養子も相続分と遺留分を取得し、その反面として養子縁組以前から存在していた相続人の相続分と遺留分が減少するという点です。

ご質問事項①のような状況であれば、息子さんと息子のお嫁さんは生計を一つにしていると思われますので問題は生じにくいですが、息子さんのお嫁さんではなく、別の親族を養子にするような場合には、息子さんの相続分と遺留分が実質的に減少してしまいますので、相続が

起こったときにトラブルになる可能性があります。また、息子さんが離婚する可能性がまったくとないとも言い切れません。息子さんが離婚しても、養子縁組の効果は当然には無くなりませんので、相続が起こったとき、息子のお嫁さんは、あなたの相続人として相続財産を受け取る権利があることになります。

　養子縁組は、養子にしようとしている人との合意のみで成立させることもできますが、上記のようなトラブルを避けるため、相続人全員で協議のうえ、養子縁組を実行するほうが無難と思われます。

　実際に養子縁組をされる場合には、弁護士等の専門家に相談し、節税効果のみならずその他のメリット・デメリットを総合的に検討したうえで実行されることをおすすめします。

【関連法規】相続税法第11条の2第1項、同第15条第1項、同第2項第1号、同第2号、同第16条

56 贈与税と相続税

Q 生前贈与を受けた場合と相続の場合とでは、税の控除においてどのような差がありますか。現在、相続時精算課税制度の利用を考えていますが、具体的にはどのようなメリット、デメリットがありますか。

A 生前贈与を受けた場合には、贈与税がかかりますが、財産を生前に贈与して贈与税を支払っておくことにより、将来相続が生じたときにかかる相続税を抑えることができます。そこで、贈与税は、相続税の補完税であるともいわれています。

贈与税は、いわゆる暦年課税制度が採用されています。これは、1年間に贈与を受けたすべての財産の価額を合計し、その金額から基礎控除額を控除した金額に税率を乗じて、1年間の贈与税額を計算する方式です。ただし、相続開始前3年以内に生前贈与を受けていた場合には、その財産が相続税の課税価格に加算されますから、相続税の課税と関係しています。

生前贈与を受けた場合に、かかる贈与税の基礎控除額は、贈与を受けた1人について1年に110万円です。これに対して、相続税の基礎控除額は、「3000万円＋600万円×法定相続人の数」となります。例えば、相続税では相続人が4人の場合、全体で5400万円が基礎控除額の合計額であり、1人当たり1350万円になります。これに対して、贈与税の基礎控除額は、毎年1人当たり110万円ですから、相続税の基礎控除額とほぼ同額になるには、12年間続けて贈与しなければならない計算になります。

また、贈与税は、相続税に比べて税率も高くなっています。例えば、

基礎控除後の課税価格が1億円の場合、相続税の税率は30％ですが、贈与税の税率は55％となっています。

このように、贈与税は相続税と比べて、基礎控除額の違いだけでなく、税率が非常に高くなっていますので、一度に多額の財産を生前贈与することができません。

そこで、贈与税の負担を大幅に軽減し、高齢者世代が保有する資産をより早い時期に次世代に移転させることにより、経済の活性化を図ることを目的として、相続時精算課税制度が平成15年度より設けられました。この制度は、原則として60歳以上の父母又は祖父母から、20歳以上の子又は孫に対し、財産を贈与した場合において選択できる贈与税の制度で、その名のとおり、相続時に税額を精算する制度です。具体的には、贈与時に贈与財産に対する贈与税を納付し、その贈与者が亡くなったときに、すべての贈与財産の贈与時の価額と相続財産の価額を合計した金額を基に計算した相続税額から、すでに納付した贈与税額を控除することにより贈与税・相続税を通じた納税を行うものです。

この制度を利用した場合、贈与財産が2500万円を限度として贈与税が非課税となり、非課税枠を超える部分について一律20％の課税となります。

相続時精算課税制度を利用するかどうかを検討するには、そのメリット、デメリットを理解する必要があります。以下に、主なメリット、デメリットを上げておきましたので、参考にしてください。

【メリット】

①必要な時期に財産移転ができる。

相続はいつ発生するかわかりませんが、相続時精算課税制度を利用すると、子がお金を必要とする時期に贈与することができます。贈与する財産の評価が変わらなければ、相続時精算課税による贈与をしても、相続時まで贈与をしなくても、結果的に税額は変わりません。相

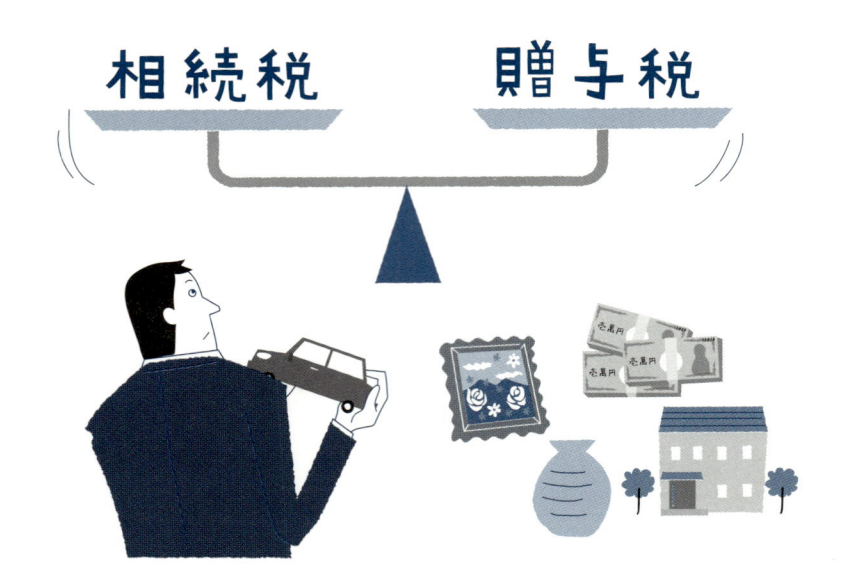

続時に相続税がかからないと想定される場合には、相続を待たずに早めに財産を移転できます。

②一度にまとまった金額を贈与できる。

　相続時精算課税制度では、2500万円まで贈与税がかかりません。また、2500万円を超えた金額に対しても、一律20％の課税となります。例えば、父から20歳以上の子が一度に2500万円の贈与を受けた場合、暦年課税制度では、贈与税額が810万5000円（計算式（2500万－110万）×45％－265万）となりますが、相続時精算課税制度では、贈与税がかかりません。

③アパートなどの収益物件や、将来値上がりしそうな財産を贈与すれば相続税対策になる。

　アパートなどの収益物件は、賃料が入ってくるため、その分相続財産が蓄積されていきます。早期にアパートを子に贈与すれば、その後の賃料は子の収入となりますので、相続財産の増加を防ぐことができますし、子にも収益を帰属させることができます。

また、相続時精算課税制度において、相続時に相続財産と合計される贈与財産の価額は、贈与時の価額ですので、株式や土地といった将来値上がりしそうな財産を、価格の低い時期を選んで生前贈与をすれば、相続財産の評価額を低く抑えることができ、相続税対策になります。

④生前に財産の分割ができる。

　いままでは、遺言をすること以外に、親が相続に関して意思を表示することができませんでした。相続時精算課税制度を利用すれば、遺言によらず、生前に親の意思に即した財産の分配を行うことができ、相続時のトラブルを回避することができます。ただし、遺留分の考慮をする必要がありますので、注意してください。

【デメリット】

①いったん相続時精算課税制度を選択すると、暦年課税制度には戻れない。

　相続時精算課税制度を選択すると、その贈与者については従来からある暦年課税制度に戻ることはできず、年間110万円の基礎控除が使えなくなります。従って、少額の贈与でも必ず贈与税の申告が必要になります。また、2500万円の非課税枠を使い切っていれば、20％の贈与税を納めなければなりません。

②相続財産を減らせるわけではない。

　相続時精算課税制度での贈与財産は、相続時に相続財産に加算されますので、生前贈与をしても直接的な相続財産の減少にはなりません。これに対して、暦年課税の贈与税には、受贈者１人につき１年間に110万円の基礎控除があるため、少ない税負担で確実に財産を減らすことができ、しかも相続財産には加算されません。

③生前贈与した財産が値下がりしたときは不利になる。

　相続時精算課税制度において、相続時に加算される金額は、贈与時の評価額ですから、財産の価値が相続時に値下がりしていても贈与時

の高い評価額で相続税が計算されますので不利になります。

④**小規模宅地等の特例の適用を受けることができない。**

　小規模宅地等の特例の適用を受けることができるのは、相続や遺贈により居住用住宅地等や事業用宅地等を取得した場合です。相続時精算課税制度により生前贈与した財産が居住用住宅地等や事業用宅地等の場合には、その取得原因が贈与ですから、相続時において小規模宅地等課税価格の特例は適用されません。

⑤**生前贈与で取得した財産は物納できない。**

　暦年課税制度では、相続開始前3年以内の贈与財産は相続財産に加算されますが、物納の申請は可能です。これに対し、相続時精算課税制度で生前贈与した財産については、贈与時の時価で相続財産に合算されますが、物納対象とはなりません。

⑥**将来、相続税の税制改正があり、相続税が課税される可能性がある。**

　現行法のもとで相続税がかからないと見込んで相続時精算課税制度を利用したとしても、将来、相続税法が改正され、相続税が課税される可能性があります。

⑦**生前贈与された現金等を消費して相続税を支払えない可能性がある。**

　生前贈与された現金等の財産を消費して無くなっていたとしても、相続時精算課税制度を選択して贈与した財産には将来相続税が課税されますので、注意が必要です。

【関連法規】相続税法第21条の2、同第21条の5、同第21条の9〜第21条の16、同第33条の2、租税特別措置法第70条の2の4〜同第70条の2の7

初版改訂版執筆者一覧表

	テーマ	初版執筆者		テーマ	改訂版執筆者
			序章	相続法改正の概要	妻鹿安希子
第1章	相続人と相続分		第1章	相続人と相続分	
1	相続人の範囲	青山智紀	1	相続人の範囲	青山智紀
2	特殊な場合の相続人	秋山裕史	2	様々なケースにおける相続人該当性	秋山裕史
3	相続人とならない場合	池田曜生	3	相続人とならない場合	池田曜生
4	法定相続分（相続の割合）	石井克典	4	法定相続分（相続の割合）	石井克典
5	養子・非嫡出子・相続放棄の場合の相続分	井上雅雄	5	養子・非嫡出子・相続放棄の場合の相続分	井上雅雄
6	相続放棄	今井佳奈	6	相続放棄	今井佳奈
第2章	遺産の範囲と評価		第2章	遺産の範囲と評価	
			7	相続財産（預貯金）	河端武史
7	相続財産①（生命保険金・死亡退職金など）	上西芳樹	8	相続財産①（生命保険金・死亡退職金など）	上西芳樹
8	相続財産②（借地・借家の場合）	呉裕麻	9	相続財産②（借地・借家の場合）	呉裕麻
9	相続財産③（債務の場合）	大植浩司	10	相続財産③（債務の場合）	大植浩司
			11	遺産の分割前に遺産に属する財産が処分された場合の遺産の範囲	新名信介
10	不動産評価と基準時	大山知康	12	不動産評価と基準時	大山知康
11	遺産の評価方法	大山亮	13	遺産の評価方法	大山亮
第3章	特別受益と寄与分		第3章	特別受益と寄与分	
12	特別受益がある場合の相続分	岡本健史	14	特別受益がある場合の相続分	松永憲一郎
13	特別受益	岡本哲	15	特別受益者	岡本哲
14	不動産の無償使用と特別受益	奥田隆之	16	不動産の無償使用と特別受益	奥田隆之
15	寄与分の認められる範囲	小野寛之	17	寄与分の認められる範囲	小野寛之
16	寄与分を主張できる者の範囲	柿崎弘行	18	寄与分を主張できる者の範囲	髙野祐一
17	寄与分の決定	片山裕之	19	寄与分の決定	片山裕之
			20	相続人以外の者の貢献を考慮するための方策	藤澤泰行
第4章	遺言の方式と遺言事項		第4章	遺言の方式と遺言事項	
18	遺言書の作成	河原昭文	21	遺言書の作成	河原昭文
19	遺言書の書き直	切島一成	22	遺言書の書き直し	横野崇司
20	遺言能力	河本泰政	23	遺言能力	河本泰政
21	自筆証書遺言	肥田弘昭	24	自筆証書遺言	肥田弘昭
22	公正証書遺言	小松原玲子	25	公正証書遺言	小松原玲子
23	秘密証書遺言	櫻井幸一	26	秘密証書遺言	小野裕司
24	財産の信託	佐々木浩史	27	財産の信託	岡原洋介
25	遺言の記載と効力	作花知志	28	遺言の記載と効力	作花知志
26	遺言による認知・保険金受取人変更の可否	佐藤弘一	29	遺言による認知・保険金受取人変更の可否	佐藤弘一
27	遺言書の書き方	佐藤演甫	30	遺言書の書き方	青木隆浩
第5章	遺言の執行		第5章	遺言の執行	

	テーマ	初版執筆者		テーマ	改訂版執筆者
28	遺言の開封・遺言執行者	清水弘枝	31	遺言の開封・遺言執行者	清水弘枝
29	遺言執行者の指定	菅真彦	32	遺言執行者を指定していなかったときの手続きの流れ	菅真彦
30	問題のある遺言	清野彰	33	問題のある遺言	清野彰
第6章	遺留分		第6章	遺留分	
31	遺留分制度の概説	高橋吉保	34	遺留分制度の概説	奥津晋
32	遺留分減殺請求権者	谷和子	35	遺留分侵害額請求権者	谷和子
33	遺留分減殺請求の相手方	田村尚史	36	遺留分侵害額請求の相手方	箱守英史
34	遺留分減殺請求権行使の時期的制限	鶴身由美	37	遺留分侵害額請求権行使の時期的制限	小野智映子
35	遺留分減殺請求権行使の方法	手島俊彦	38	遺留分侵害額請求権行使の方法	新名信介
36	遺留分減殺請求権に関する紛争解決手続	飛山美保	39	遺留分侵害額請求権に関する紛争解決手続	飛山美保
37	遺留分減殺請求の効果	頓宮尚公	40	遺留分侵害額請求権の効果	頓宮尚公
38	遺留分侵害額の算定（総論）	中畑真哉	41	遺留分侵害額の算定（総論）	中畑真哉
39	遺留分侵害額の算定（各論）	丹羽一裕	42	遺留分侵害額の算定（各論）	三宅翔
40	遺留分減殺の順序	馬場幸三	43	遺留分侵害額の負担	馬場幸三
41	価額弁償			改正により項目を削除	
42	事業承継に関する制度	松本洋明	44	事業承継に関する制度	松本洋明
第7章	遺産分割手続		第7章	遺産分割手続	
			45	共同相続における権利の承継の対抗要件	三木悠希裕
43	遺言がある場合の分割手続	南和成	46	遺言がある場合の分割手続	南和成
44	遺言がない場合	宮本由美子	47	遺言がない場合	髙野祐一
45	未成年者などへの遺産分割	三好英宏	48	未成年者などへの遺産分割	三好英宏
46	協議中の遺産の管理	森智幸	49	協議中の遺産の管理	森智幸
47	遺産分割協議書の作成	吉川拓威	50	遺産分割協議書の作成	青木隆浩
			第8章	配偶者居住権	
			51	短期配偶者居住権	松本洋明
			52	長期配偶者居住権	上田優
第8章	相続税		第9章	相続税	
48	相続税の申告と期限、遺言者の所得税の申告と納税	米田雅人	53	相続税の申告と期限、被相続人の所得税の申告と納税	中井陽
49	相続税が課税される財産	井上雅雄	54	相続税が課税される財産	井上雅雄
50	相続税の基礎控除額	佐々木浩史	55	相続税の基礎控除額	井上陽介
51	贈与税と相続税	南和成	56	贈与税と相続税	南和成

岡山弁護士会 会員名簿 （令和元年6月5日現在）

氏名	事務所名	事務所住所		電話番号
青木 一馬	飯綱浩二法律事務所	津山市南新座 34	アリコベール・しんざ 201	0868-35-2501
青木 隆浩	あおき法律事務所	岡山市北区富田町 2-12-16	センチュリー富田町ビル 401 号室	086-201-2608
青木 祐也	小林裕彦法律事務所	岡山市北区弓之町 2-15	弓之町シティセンタービル 6 階	086-225-0091
青田 夢	弁護士法人太陽綜合法律事務所	岡山市北区本町 6-36	第一セントラルビル 2 階	086-224-8338
青山 智紀	板野法律事務所	岡山市北区富田町 2-6-15		086-222-7935
秋山 裕史	秋山裕史法律事務所	岡山市北区南方 1-5-2	奥村ビル 3 階	086-238-8707
秋山 義信	秋山義信法律事務所	岡山市北区弓之町 2-9	弓之町ビル 5 階 507	086-224-6252
麻岡 正義	きずな綜合法律事務所	岡山市北区南方 1-7-21	SUMIKA ビル南 1 階	086-231-0730
浅野 律子	つばさ法律事務所	岡山市北区弓之町 10-20	テミス弓之町 2 階	086-223-5250
芦田 訓子		岡山市北区丸の内 1-15-20	株式会社中国銀行コンプライアンス部	086-223-3111
安達 祐一	安達法律事務所	倉敷市鶴形 1-4-15	シャトーブリアン 2 階	086-423-5311
安彦 俊哉	弁護士法人岡山パブリック法律事務所 岡山大学内支所	岡山市北区津島中 3-1-1	岡山大学文化科学系総合研究棟 1 階	086-898-1123
荒木 信之	荒木法律事務所	岡山市北区番町 1-2-19		086-226-0335
荒木 裕之	荒木法律事務所	岡山市北区番町 1-2-19		086-226-0335
有本 耕平	アルク綜合法律事務所	岡山市北区富田町 1-8-8	富田町エグゼビル 5 階 C 号室	086-206-4401
有元 実	弁護士法人有元実法律事務所	津山市椿高下 40-3		0868-23-8136
飯綱 浩二	飯綱浩二法律事務所	津山市南新座 34	アリコベール・しんざ 201	0868-35-2501
飯生 明	おかやま駅前法律事務所	岡山市北区駅元町 31-3	香西ビル 5 階	086-250-0222
井口 亮	大土法律事務所	岡山市北区南方 2-8-25	大三ビル 4 階	086-225-7082
池田 千明	板野法律事務所	岡山市北区富田町 2-6-15		086-222-7935
池田 曜生	おかやま番町法律事務所	岡山市北区番町 1-5-5		086-231-1645
池田 泰子	みどり法律事務所	岡山市北区南方 1-7-21	ＳＵＭＩＫＡビル 2 階	086-234-0008
石井 一弥	小林裕彦法律事務所	岡山市北区弓之町 2-15	弓之町シティセンタービル 6 階	086-225-0091
石井 克典	石井克典法律事務所	岡山市北区南方 1-6-5	司法ビル 5 階	086-235-1410
石井 辰彦	石井法律事務所	岡山市北区南方 3-8-41		086-233-1222
石川 敬之	つばさ法律事務所	岡山市北区弓之町 10-20	テミス弓之町 2 階	086-223-5250
石倉 尚	岡山ひかり法律事務所	岡山市北区蕃山町 3-7	両備蕃山町ビル 8 階	086-223-1800

氏名	事務所名	事務所住所		電話番号
石島 弘	弁護士法人太陽綜合法律事務所	岡山市北区本町 6-36	第一セントラルビル 2 階	086-224-8338
石田 麻衣	弁護士法人太陽綜合法律事務所	岡山市北区本町 6-36	第一セントラルビル 2 階	086-224-8338
石田 正也	岡山合同法律事務所	岡山市北区南方 2-8-25	大三ビル 3 階	086-222-8727
井田 千津子	井田法律事務所	岡山市北区富田町 1-2-21	アレズⅢ番館 3 階 316	086-235-4929
板垣 和彦	岡山中央法律事務所	岡山市北区中山下 1-9-1	山陽アルファ中山下ビル 6 階	086-212-2120
板谷 多摩樹	弁護士法人岡山テミス法律事務所	岡山市北区磨屋町 1-6	岡山磨屋町ビル 8 階	086-206-3650
板野 次郎	板野法律事務所	岡山市北区富田町 2-6-15		086-222-7935
一井 淳治	一井法律事務所	岡山市北区番町 1-1-6	新番町ビル 2 階	086-226-0711
市木 菜々	西田法律事務所	岡山市北区番町 1-1-25	シーザービル	086-222-7420
市本 昭彦	いちもと法律事務所	岡山市中区浜 1-7-30-25		086-206-5461
一法師 拓也	弁護士法人西村綜合法律事務所	津山市椿高下 45-2		0868-32-0255
井藤 勝義	井藤総合法律事務所	岡山市北区本町 6-36	第 1 セントラルビル 4 Ｆ	050-5327-8357
井藤 公量	井藤総合法律事務所	岡山市北区本町 6-36	第 1 セントラルビル 4 Ｆ	050-5327-8357
井上 健三	陽だまり法律事務所	岡山市北区富田町 2-9-3-2	グランツコート 101	086-226-0641
井上 雅雄	弁護士法人岡山パブリック法律事務所	岡山市北区春日町 5-6	岡山市勤労者福祉センター 2 階	086-231-1141
井上 陽介	平松・木津法律事務所	岡山市北区南方 1-8-17	ロイヤービル 3 階	086-225-7100
猪木 健二	おかやま番町法律事務所	岡山市北区番町 1-5-5		086-224-1105
今井 佳奈	陽だまり法律事務所	岡山市北区富田町 2-9-3-2	グランツコート 101	086-226-0641
今田 俊夫	今田法律事務所	岡山市北区弓之町 2-9	弓之町ビル 7 階 708 号	086-227-1351
今村 恵美子	弓之町法律事務所	岡山市北区弓之町 2-15	弓之町シティセンタービル（ＹＣＣビル）4 階 402 号	086-212-0808
入口 優	弁護士法人岡山パブリック法律事務所 玉野支所	玉野市築港 1-17-5	サニーセブンビル 202	0863-33-6113
岩井 順一郎	弁護士法人後楽綜合法律事務所	岡山市北区南方 1-4-14		086-226-1919
岩﨑 香子	大土法律事務所	岡山市北区南方 2-8-25	大三ビル 4 階	086-225-7082
上田 紗英子	平松・木津法律事務所	岡山市北区南方 1-8-17	ロイヤービル 3 階	086-225-7100
植田 昌吾	浩総合法律事務所	岡山市北区出石町 1-1-13	エントピア出石 101	086-223-1125
上田 優	藤浪法律事務所	岡山市北区南方 1-4-3	アストロビル 4 階	086-224-0220
上西 芳樹	うえにし・すが法律事務所	岡山市北区富田町 2-13-12	コートサイドビル 2 階	086-238-8731

氏名	事務所名	事務所住所		電話番号
上野 雅和	上野雅和法律事務所	岡山市北区津島本町 14-65		086-253-0643
宇佐美 英司	宇佐美法律事務所	岡山市北区富田町 1-7-14	サンヒルズビル 2 階	086-227-3301
浦部 信児	浦部法律事務所	岡山市北区奉還町 1-11-8	ポレスターガーデンシティ清心 408 号	
上尾 洋平	弁護士法人岡山パブリック法律事務所	岡山市北区春日町 5-6	岡山市勤労者福祉センター 2 階	086-231-1141
江口 三角	江口法律事務所	岡山市北区芳賀 5114-26		086-284-2565
江口 秀計	弁護士法人岡山パブリック法律事務所	岡山市北区春日町 5-6	岡山市勤労者福祉センター 2 階	086-231-1141
江田 五月	江田法律事務所	岡山市北区蕃山町 3-7	両備蕃山町ビル 8 階	086-221-5966
江田 剛	江田法律事務所	岡山市北区蕃山町 3-7	両備蕃山町ビル 8 階	086-221-5966
呉 裕麻	弁護士法人岡山中庄架け橋法律事務所	倉敷市松島 1129-2	トピア M 302	086-441-9937
大石 和昭	大石法律事務所	岡山市北区富田町 1-6-13		086-221-3112
大植 浩司	弁護士法人大植浩司法律事務所	岡山市北区富田町 1-5-12	アシモ大奈ビル 3 階 302 号	086-206-3881
大枝 孝之	大枝法律事務所	倉敷市昭和 2-1-28		086-427-4497
大熊 裕司	大熊・莖田法律事務所	倉敷市平田 628-2		086-423-0555
大土 弘	大土法律事務所	岡山市北区南方 2-8-25	大三ビル 4 階	086-225-7082
大林 建太	岡山中央法律事務所	岡山市北区中山下 1-9-1	山陽アルファ中山下ビル 6 階	086-212-2120
大林 裕一	大林・松井法律事務所	岡山市北区蕃山町 3-7	両備蕃山町ビル 4 階	086-221-0221
大本 崇	河田大本寺山共同法律事務所	岡山市北区番町 1-1-6	新番町ビル 4 階	086-231-2885
大森 礼子	大森礼子法律事務所	岡山市北区富田町 2-7-5	サンワビル 304	086-234-8020
大山 知康	弁護士法人ゆずりは新見法律事務所	新見市高尾 2328-1	アウル 1 階	0867-71-2228
大山 亮	岡山中央法律事務所	岡山市北区中山下 1-9-1	山陽アルファ中山下ビル 6 階	086-212-2120
岡田 元	ベリーベスト法律事務所岡山オフィス	岡山市北区中山下 1-9-40	新岡山ビル 7 階	086-235-9511
岡田 孝文	総社法律事務所	総社市中央 2-5-10	マルセンビル 2 階南	0866-93-9977
岡田 直樹	弁護士法人後楽総合法律事務所	岡山市北区南方 1-4-14		086-226-1919
岡田 湧介	弁護士法人太陽綜合法律事務所	岡山市北区本町 6-36	第一セントラルビル 2 階	086-224-8338
岡原 洋介	横野崇司法律事務所	岡山市北区中山下 1-10-10	新田ビル 3 階	086-238-5320

氏名	事務所名	事務所住所		電話番号
岡部 宗茂	にしがわ綜合法律事務所	岡山市北区本町 3-13	イトーピア岡山本町ビル 9 階	086-201-7830
岡邑 祐樹	木もれび法律事務所	倉敷市五日市奥畑 780-1		086-435-0933
岡本 栄	岡本栄法律事務所	倉敷市昭和 2-3-24		086-422-9011
岡本 健史	玉島総合法律事務所	倉敷市玉島 1534-9		086-476-5502
岡本 哲	岡本法律事務所	岡山市北区番町 2-3-2	浦上ビル 3 階	086-225-5881
岡本 憲彦	岡本憲彦法律事務所	岡山市北区南方 1-5-2	奥村ビル 4 階	086-231-0949
岡本 昌士	岡本憲彦法律事務所	岡山市北区南方 1-5-2	奥村ビル 4 階	086-231-0949
小河 奏子		岡山市北区錦町 6-1	両備ホールディングス株式会社 両備経営サポートカンパニー	086-232-2118
小川 真吾	秋山裕史法律事務所	岡山市北区南方 1-5-2	奥村ビル 3 階	086-238-8707
沖津 智子	ももたろう第二法律事務所	岡山市北区富田町 2-12-16	センチュリー富田町ビル 3 階	086-226-7744
奥田 隆之	たか総合法律事務所	岡山市北区富田町 1-5-6	志水ビル 201 号	086-239-2526
奥田 哲也	奥田法律事務所	岡山市北区南方 1-7-13	リベルテ南方 2 階	086-221-3322
奥津 晋	奥津法律事務所	岡山市北区富田町 2-8-1		086-222-5127
奥津 亘	奥津法律事務所	岡山市北区富田町 2-8-1		086-222-5127
奥野 哲也	岡山ひかり法律事務所	岡山市北区蕃山町 3-7	両備蕃山町ビル 8 階	086-223-1800
奥村 雅弘	奥村雅弘法律事務所	岡山市北区富田町 2-7-4		086-233-1455
小倉 康平	小倉法律事務所	岡山市北区蕃山町 2-17	おぐらビル 3 階	086-222-5888
小田 弘昭	和田・小田法律事務所	岡山市北区蕃山町 7-1-201		086-225-2064
越智 量平	小林裕彦法律事務所	岡山市北区弓之町 2-15	弓之町シティセンタービル 6 階	086-225-0091
小野 絵美	中野法律事務所	岡山市北区南方 1-6-5	司法ビル 4 階	086-232-4545
小野 智映子	小野智映子法律事務所	岡山市南区東畦 246	Ｌａ・グランデおか I 103 号・105 号	086-282-0048
小野 寛之	岡山シティ法律事務所	岡山市北区蕃山町 9-19	岡山大同生命ビル 3 階	086-238-9255
小野 祐一郎	近藤幸夫法律事務所	岡山市北区弓之町 2-15	弓之町シティセンタービル 4 階 401	086-226-5271
小野 裕司	小野裕司法律事務所	岡山市北区富田町 1-8-8	富田町エグゼビル 4 階	086-206-2556
賀川 進太郎	賀川法律事務所	岡山市北区野田屋町 1-7-17	旧千代田生命岡山ビル 2 階	086-234-8977
加来 典子	弁護士法人後楽総合法律事務所	岡山市北区南方 1-4-14		086-226-1919
梶田 良雄	梶田良雄法律事務所	岡山市北区富田町 1-6-10	東光第一ビル 4 階	086-226-4100

氏名	事務所名	事務所住所		電話番号
加瀬野 忠吉	岡山中央法律事務所	岡山市北区中山下 1-9-1	山陽アルファ中山下ビル 6 階	086-212-2120
片岡 靖隆	備中綜合法律事務所	笠岡市中央町 36-1	トピア駅前ビル 3 階	0865-75-0284
片山 裕之	かたやま総合法律事務所	岡山市北区中山下 1-2-3	太陽生命岡山ビル 5 階	086-212-0505
片山 雄太	すずかけ法律事務所	岡山市北区富田町 2-12-13	片山ビル 2 階	086-206-3858
加藤 航平	平松・木津法律事務所	岡山市北区南方 1-8-17	ロイヤービル 3 階	086-225-7100
加藤 高明	賀川法律事務所	岡山市北区野田屋町 1-7-17	旧千代田生命岡山ビル 2 階	086-234-8977
門間 元輝	荒木法律事務所	岡山市北区番町 1-2-19		086-226-0335
上赤 晃典	イーリス総合法律事務所	岡山市北区津倉町 1-4-3		086-250-0112
鹿室 辰義	弁護士法人太陽綜合法律事務所	岡山市北区本町 6-36	第一セントラルビル 2 階	086-224-8338
鴨崎 多久巳	鴨崎・大元法律事務所	岡山市北区南方 1-8-16		086-225-0555
栢野 万里恵	河田大本寺山共同法律事務所	岡山市北区番町 1-1-6	新番町ビル 4 階	086-231-2885
唐樋 玲子	にしがわ綜合法律事務所	岡山市北区本町 3-13	イトーピア岡山本町ビル 9 階	086-201-7830
川井 進	川井進法律事務所	倉敷市昭和 2-1-28	大塚ビル 2 階	086-430-6607
河合 秀直	河合法律事務所	岡山市北区富田町 2-13-19		086-222-1841
川﨑 政宏	ももたろう第二法律事務所	岡山市北区富田町 2-12-16	センチュリー富田町ビル 3 階	086-226-7744
河路 崇宏	飯綱浩二法律事務所	津山市南新座 34	アリコベール・しんざ 201	0868-35-2501
河田 英正	河田大本寺山共同法律事務所	岡山市北区番町 1-1-6	新番町ビル 4 階	086-231-2885
河端 武史	河端法律事務所	岡山市北区中山下 1-10-10	新田ビル 7 階	086-238-5473
川端 美智子	弁護士法人太陽綜合法律事務所	岡山市北区本町 6-36	第一セントラルビル 2 階	086-224-8338
河村 英紀	河村法律事務所	岡山市北区弓之町 10-20	テミス弓之町 3 階	086-221-4457
河原 昭文	河原法律事務所	岡山市北区南方 1-4-11	八番町ビル 102 号室	086-223-3789
菊池 捷男	弁護士法人菊池綜合法律事務所	岡山市北区南方 1-8-14		086-231-3535
岸 久美子	高梁ひまわり基金法律事務所	高梁市弓之町 45	TKC 高梁ビル 2 階 1	0866-56-3876
岸田 知子	おかやま番町法律事務所	岡山市北区番町 1-5-5		086-224-1105
木島 紗千恵	弁護士法人岡山パブリック法律事務所 津山支所	津山市京町 73-2	丹沢ビル 2 階	0868-31-0035
岸本 昌典	土屋宏法律事務所	倉敷市幸町 15-22		086-422-6455
北内 佑弥	弁護士法人菊池綜合法律事務所	岡山市北区南方 1-8-14		086-231-3535
北村 一	はれのくに法律事務所	岡山市北区磨屋町 2-1	日興ビル 4 階	086-238-6001

氏名	事務所名	事務所住所		電話番号
木津 恒良	平松・木津法律事務所	岡山市北区南方 1-8-17	ロイヤービル 3 階	086-225-7100
京野 哲也	びほく法律事務所	高梁市段町 981-4	備北バスビル 1 階	0866-21-1870
清野 幸代	きよの法律事務所	倉敷市阿知 2-12-3	K3 ビル 202 号	086-425-0750
切島 一成	玉島総合法律事務所	倉敷市玉島 1534-9		086-476-5502
久貝 克弘	高梁ひまわり基金法律事務所	高梁市弓之町 45	TKC 高梁ビル 2 階 1 号室	0866-56-3876
莖田 信之	大熊・莖田法律事務所	倉敷市平田 628-2		086-423-0555
久保 藍良		岡山市北区野田 3-18-48	オーエム産業株式会社	086-241-3201
久山 英恵	肥田弘昭法律事務所	岡山市北区富田町 1-8-8	富田町 EXE ビル 3 階 B 号室	086-232-0088
倉本 哲也	倉本法律事務所	岡山市北区津島京町 1-4-14		086-239-8277
栗原 誠司		倉敷市水島中通 1-4	萩原工業株式会社	086-440-0860
黒田 彬	津山総合法律事務所	津山市山北 560-4	ムサシノビル 6 階	0868-31-0501
黒塚 尊久	くろづか総合法律事務所	岡山市北区富田町 1-1-1	富士野ビル 3 階	086-206-1381
桑島 幹雄	桑島幹雄法律事務所	岡山市北区伊福町 2-26-31		086-253-6051
桒田 睦	くわた法律事務所	岡山市北区番町 1-1-13	フォルトゥーナノザキ 2 階	086-206-6162
小池 知久	荒木法律事務所	岡山市北区番町 1-2-19		086-226-0335
上月 健輔	西大寺綜合法律事務所	岡山市東区西大寺中野本町 3-3		086-206-2461
河本 泰政	こうもと法律事務所	岡山市北区中山下 1-2-3	太陽生命岡山ビル 7 階	086-206-3755
香山 昌平	クオーレ法律事務所	岡山市北区弓之町 2-15	弓之町 シティセンタービル 501 号	086-221-8850
香山 忠志	香山法律事務所	津山市大手町 6-8	城南ビル 5 階	0868-24-5820
肥田 弘昭	肥田弘昭法律事務所	岡山市北区富田町 1-8-8	富田町 EXE ビル 3 階 B 号室	086-232-0088
小堺 義弘	弁護士法人岡山パブリック法律事務所 津山支所	津山市京町 73-2	丹沢ビル 2 階	0868-31-0035
古謝 愛彦	せとうちオリーブ法律事務所	瀬戸内市邑久町尾張 532-4		0869-22-5570
古城 大介	古城法律事務所	岡山市北区磨屋町 10-20	磨屋町ビル 4 階	086-801-2167
小寺 立名	おかやま丸の内法律事務所	岡山市北区表町 1-5-1	岡山シンフォニービル 1 階	086-238-2525
後藤 紀一	弁護士法人菊池綜合法律事務所	岡山市北区南方 1-8-14		086-231-3535
小林 淳郎	小林・周東法律事務所	岡山市北区南方 1-5-2	奥村ビル 5 階	086-233-5050
小林 裕彦	小林裕彦法律事務所	岡山市北区弓之町 2-15	弓之町 シティセンタービル 6 階	086-225-0091

氏名	事務所名	事務所住所		電話番号
小松 賢史	弁護士法人西村綜合法律事務所岡山事務所	岡山市北区蕃山町 3-7	両備蕃山町ビル 501	086-201-1816
小松原 玲子	田原法律事務所	倉敷市川西町 10-2	倉敷川西町 RGB3 階	086-421-5566
近藤 昭	近藤昭法律事務所	岡山市北区弓之町 2-9	弓之町ビル 6 階 601	086-222-2482
近藤 弦之介	弁護士法人太陽綜合法律事務所	岡山市北区本町 6-36	第一セントラルビル 2 階	086-224-8338
近藤 剛	近藤剛法律事務所	倉敷市松島 563		086-463-6663
近藤 幸夫	近藤幸夫法律事務所	岡山市北区弓之町 2-15	弓之町シティセンター ビル 4 階 401	086-226-5271
金馬 健二	きずな綜合法律事務所	岡山市北区南方 1-7-21	SUMIKA ビル南 1 階	086-231-0730
財津 唯行	財津綜合法律事務所	岡山市北区出石町 1-2-11	イマージュシャトー 1 階	086-223-7780
齋藤 まど香	児島綜合法律事務所	倉敷市児島駅前 1-46	倉敷ファッションセンター 2 階	086-486-1702
坂口 幸司	坂口法律事務所	岡山市北区駅元町 30-10	ミサワビル 202	086-254-7608
坂本 純平	吉備綜合法律事務所	岡山市北区磨屋町 1-6	岡山磨屋町ビル 4 階	086-235-4168
佐々木 齊	佐々木齊法律事務所	岡山市中区東川原 354		086-800-1418
佐々木 正有	佐々木正有法律事務所	岡山市北区富田町 1-8-8	富田町エグゼビル 4 階 B 号室	086-226-7718
佐々木 基彰	クオーレ法律事務所	岡山市北区弓之町 2-15	弓之町シティセンター ビル 501 号	086-221-8850
佐竹 哲児	浩綜合法律事務所	岡山市北区出石町 1-1-13	エントピア出石 101	086-223-1125
作花 知志	作花法律事務所	岡山市北区本町 3-13	イトーピア岡山本町ビル 6 階	086-206-2331
佐藤 弘一	弁護士法人備前法律事務所	岡山市北区富田町 2-12-16	センチュリー富田町ビル 6 階	086-239-5518
佐藤 演甫	佐藤演甫法律事務所	岡山市北区富田町 1-8-21		086-221-8522
佐藤 由美子	奥田法律事務所	岡山市北区南方 1-7-13	リベルテ南方 2 階	086-221-3322
佐藤 洋子	おもてまち法律事務所	岡山市北区富田町 2-13-16	松田ビル 1 階	086-236-1550
佐野 京子	江田法律事務所	岡山市北区蕃山町 3-7	両備蕃山町ビル 8 階	086-221-5966
澤畑 優太	さわはた法律事務所	岡山市北区富田町 1-6-14 2 階		086-235-1707
篠岡 丈記	弁護士法人南方法律事務所	岡山市北区南方 1-7-19		086-227-1650
柴田 収	弁護士法人岡山テミス法律事務所	岡山市北区磨屋町 1-6	岡山磨屋町ビル 8 階	086-206-3650
渋谷 康華	倉敷わかば法律事務所	倉敷市西阿知町 107-1		086-441-8640
島田 恭子	あおば中央法律事務所	倉敷市阿知 3-3-1	大橋ビル 3 階	086-697-6616
島村 和昌	岡山中央法律事務所	岡山市北区中山下 1-9-1	山陽アルファ中山下ビル 6 階	086-212-2120

氏名	事務所名	事務所住所		電話番号
清水 加奈子	岡山合同法律事務所	岡山市北区南方 2-8-25	大三ビル 3 階	086-222-8727
清水 弘枝	弁護士法人有元実法律事務所	津山市椿高下 40-3		0868-23-8136
清水 善朗	木もれび法律事務所	倉敷市五日市奥畑 780-1		086-435-0933
周東 秀成	小林・周東法律事務所	岡山市北区南方 1-5-2	奥村ビル 5 階	086-233-5050
新庄 将彦	倉敷わかば法律事務所	倉敷市西阿知町 107-1		086-441-8640
菅 真彦	うえにし・すが法律事務所	岡山市北区富田町 2-13-12	コートサイドビル 2 階	086-238-8731
杉本 秀介	よつば法律事務所	岡山市北区南方 1-4-3	アストロビル 3 階	086-222-0292
杉山 雄一	にしがわ綜合法律事務所	岡山市北区本町 3-13	イトーピア岡山本町ビル 9 階	086-201-7830
鈴木 大士	賀川法律事務所	岡山市北区野田屋町 1-7-17	旧千代田生命岡山ビル 2 階	086-234-8977
首藤 和司	首藤法律事務所	岡山市北区南方 2-8-25	大三ビル 2 階	086-233-7501
陶浪 保夫	陶浪法律事務所	岡山市北区富田町 1-5-12	アシモ大奈ビル 301 号	086-225-3655
清野 彰	四端法律事務所	岡山市北区弓之町 2-9	弓之町ビル 905 号	086-207-2152
世戸 光朗	弁護士法人世戸法律事務所	岡山市北区野田屋町 2-3-17		086-235-3070
世戸 美真紀	弁護士法人世戸法律事務所	岡山市北区野田屋町 2-3-17		086-235-3070
妹尾 直人	吉備総合法律事務所	岡山市北区磨屋町 1-6	岡山磨屋町ビル 4 階	086-235-4168
瀬部 美穂	弁護士法人岡野法律事務所岡山支店	岡山市北区磨屋町 2-5	安田岡山磨屋町ビル 4 階	086-201-1136
千田 卓司	木もれび法律事務所	倉敷市五日市奥畑 780-1		086-435-0933
鯛 翔伍	岡本法律事務所	岡山市北区番町 2-3-2	浦上ビル 3 階	086-225-5881
高木 成和	弁護士法人岡山パブリック法律事務所 津山支所	津山市京町 73-2	丹沢ビル 2 階	0868-31-0035
髙﨑 和美	みどり法律事務所	岡山市北区南方 1-7-21	SUMIKA ビル 2 階	086-234-0008
髙田 絵莉子	弁護士法人備前法律事務所	岡山市北区富田町 2-12-16	センチュリー富田町ビル 6 階	086-239-5518
高田 光宏	弁護士法人岡山パブリック法律事務所津山支所	津山市京町 73-2	丹沢ビル 2 階	0868-31-0035
鷹取 司	鷹取法律事務所	岡山市北区富田町 1-6-10	東光第 1 ビル 4 階	086-226-4121
髙野 祐一	あおぞら法律事務所	岡山市北区富田町 2-13-12	コートサイドビル 3 階	086-226-4595
高橋 絢子	弁護士法人菊池綜合法律事務所	岡山市北区南方 1-8-14		086-231-3535
高橋 裕	高橋裕法律事務所	岡山市北区富田町 1-8-8	富田町エグゼ 1 階	086-225-6375
高橋 吉保	高橋吉保総合法律事務所	岡山市北区弓之町 10-9	ＡＹＡマンション 202 号室	086-238-8193

氏名	事務所名	事務所住所		電話番号
髙谷 敦	弁護士法人さいわい真庭ひまわり基金法律事務所	真庭市久世 2511-6		0867-44-1251
髙山 裕子	平松・木津法律事務所	岡山市北区南方 1-8-17	ロイヤービル 3 階	086-225-7100
瀧川 浩司	津山さくら法律事務所	津山市山北 630-2	福島ビル 201 号室	0868-35-0400
滝本 敦子	小林裕彦法律事務所	岡山市北区弓之町 2-15	弓之町シティセンタービル 6 階	086-225-0091
竹内 俊一	竹内法律事務所	岡山市中区住吉町 1-50		086-270-8448
竹内 雄紀	森脇法律事務所	岡山市北区富田町 1-2-13	香楽ビル 3 階 4 階	086-226-1215
竹田 航	クオーレ法律事務所	岡山市北区弓之町 2-15	弓之町シティセンタービル 501 号	086-221-8850
武政 祥子	岡山ひかり法律事務所	岡山市北区蕃山町 3-7	両備蕃山町ビル 8 階	086-223-1800
立田 久義	きずな綜合法律事務所	岡山市北区南方 1-7-21	SUMIKA ビル 南 1 階	086-231-0730
達野 克己	陽だまり法律事務所	岡山市北区富田町 2-9-3-2	グランツコート 101	086-226-0641
立間 知之	井原法律事務所	井原市下出部町 1-22-5		0866-67-0324
立畑 徳和	虎ノ門法律経済事務所 岡山支店	岡山市北区蕃山町 9-19	岡山大同生命ビル 2 階 01 号室	086-238-9012
田中 照章	田中法律事務所	岡山市北区磨屋町 2-5	安田岡山磨屋町ビル 5 階 502 号室	086-225-1001
田中 将之	みどり法律事務所	岡山市北区南方 1-7-21	SUMIKA ビル 2 階	086-234-0008
田中 利佳	小林裕彦法律事務所	岡山市北区弓之町 2-15	弓之町シティセンタービル 6 階	086-225-0091
谷 和子	倉敷総合法律事務所	倉敷市東町 7-3		086-426-0855
谷川 篤司	かさおか法律事務所	笠岡市四番町 8-7		0865-63-5725
谷川 勝幸	谷川勝幸法律事務所	岡山市北区弓之町 8-22	アドバンス弓之町 3 階	086-232-5500
谷川 寛	谷川寛法律事務所	岡山市北区奉還町 4-15-24	奉還町ハウス 1 階	086-250-9650
谷口 怜司	弁護士法人太陽綜合法律事務所	岡山市北区本町 6-36	第一セントラルビル 2 階	086-224-8338
種田 和英	種田和英法律事務所	岡山市北区弓之町 8-17		086-221-4848
種田 蘭子	種田和英法律事務所	岡山市北区弓之町 8-17		086-221-4848
田野 壽	弁護士法人後楽総合法律事務所	岡山市北区南方 1-4-14		086-226-1919
田原 洋介	田原法律事務所	倉敷市川西町 10-2	倉敷川西町 RGB3 階	086-421-5566
田村 比呂志	芙蓉法律事務所	岡山市北区弓之町 3-21	宮木ビル 1 階	086-234-0780
丹澤 明主実	財津総合法律事務所	岡山市北区出石町 1-2-11	イマージュシャトー 1 階	086-223-7780
千葉 隆志	岡本法律事務所	岡山市北区番町 2-3-2	浦上ビル 3 階	086-225-5881

氏名	事務所名	事務所住所		電話番号
津田 真臣		赤磐市下市 344	赤磐市役所	086-955-2692
鶴身 由美	鶴身綜合法律事務所	岡山市北区西古松 2-3-1	ナナリーフ大元 202号	086-246-3336
寺内 沙由貴	森脇法律事務所	岡山市北区富田町 1-2-13	香楽ビル 3 階 4 階	086-226-1215
寺山 倫代	河田大本寺山共同法律事務所	岡山市北区番町 1-1-6	新番町ビル 4 階	086-231-2885
土居 幸徳	しろした法律事務所	岡山市北区天神町 6-48		086-801-9678
東川 芳美	浩総合法律事務所	岡山市北区出石町 1-1-13	エントピア出石 101	086-223-1125
飛山 美保	岡山中央法律事務所	岡山市北区中山下 1-9-1	山陽アルファ中山下ビル 6 階	086-212-2120
頓宮 尚公	鳥城総合法律事務所	岡山市北区富田町 2-13-12	コートサイドビル 4 階	086-234-3311
内藤 信義	内藤法律事務所	岡山市北区北方 3-4-41-9		086-222-7417
中井 陽	弁護士法人岡山パブリック法律事務所玉野支所	玉野市築港 1-17-5	サニーセブンビル 202	0863-33-6113
中井 拓司	藤浪法律事務所	岡山市北区南方 1-4-3	アストロビル 4 階	086-224-0220
中井 美音	小林裕彦法律事務所	岡山市北区弓之町 2-15	弓之町シティセンタービル 6 階	086-225-0091
中岡 宏文	中岡法律事務所	岡山市北区富田町 1-5-12	アシモ大奈ビル 9 階 903 号	086-230-2471
中田 雅文	児島綜合法律事務所	倉敷市児島駅前 1-46	倉敷ファッションセンター 2 階	086-486-1702
中谷 真一郎	弁護士法人アディーレ法律事務所 岡山支店	岡山市北区駅元町 15-1	リットシティビル	086-214-5705
長沼 徹	長沼法律事務所	倉敷市阿知 3-2-5	三宅ビル 3 階	086-425-0025
中野 惇	中野法律事務所	岡山市北区南方 1-6-5	司法ビル 4 階	086-232-4545
中畑 真哉	陽だまり法律事務所	岡山市北区富田町 2-9-3-2	グランツコート 101	086-226-0641
中濱 孔貴	おかやま駅前法律事務所	岡山市北区駅元町 31-3	香西ビル 5 階	086-250-0222
中原 隆志	中原隆志法律事務所	岡山市北区国体町 4-30-410		086-259-2373
中原 文子	中原法律事務所	岡山市北区出石町 2-7-19		086-223-2201
中村 明彦	イーリス総合法律事務所岡山オフィス	岡山市北区津倉町 1-4-3		086-250-0112
中村 英男	中村英男法律事務所	岡山市北区富田町 2-12-16	センチュリー富田町 101 号	086-206-6801
中村 有作	中村法律事務所	岡山市北区内山下 2-1-12	西村ビル 6 階	086-223-1751
中本 直樹		岡山市北区錦町 6-1	両備経営サポートカンパニー	086-232-2118
永山 皓太	弁護士法人太陽綜合法律事務所	岡山市北区本町 6-36	第一セントラルビル 2 階	086-224-8338
中山 友二	弁護士法人後楽綜合法律事務所	岡山市北区南方 1-4-14		086-226-1919
難波 秀明	あおぞら法律事務所	岡山市北区富田町 2-13-12	コートサイドビル 3 階	086-226-4595

氏名	事務所名	事務所住所		電話番号
新名 信介	吉備総合法律事務所	岡山市北区磨屋町 1-6	岡山磨屋町ビル 4 階	086-235-4168
西馬 由希子		岡山市東区上道北方 688-1	ナカシマプロペラ株式会社	086-279-5160
西尾 史恵	弁護士法人岡山パブリック法律事務所	岡山市北区春日町 5-6	岡山市勤労者福祉センター 2 階	086-231-1141
西尾 光明	弁護士法人西村綜合法律事務所	津山市椿高下 45-2		0868-32-0255
西田 秀史	西田法律事務所	岡山市北区番町 1-1-25	シーザービル	086-222-7420
西田 三千代	西田法律事務所	岡山市北区番町 1-1-25	シーザービル	086-222-7420
西野 淑子	陶浪法律事務所	岡山市北区富田町 1-5-12	アシモ大奈ビル 301 号	086-225-3655
西村 啓聡	弁護士法人西村綜合法律事務所	津山市椿高下 45-2		0868-32-0255
西村 広基	西村法律事務所	岡山市北区弓之町 8-19		086-232-5550
則武 透	岡山合同法律事務所	岡山市北区南方 2-8-25	大三ビル 3 階	086-222-8727
箱守 英史	箱守法律事務所	岡山市北区下石井 1-1-1	アーバンオフィスビル 2 階 203	086-231-1122
長谷川 修	長谷川修法律事務所	倉敷市鶴形 1-2-22	佐藤ビル 3 階	086-425-9388
長谷川 威	長谷川威法律事務所	岡山市北区富田町 2-4-17	ヒルトップ富田町ビル 2 階	086-801-9666
長谷川 久子	ほほえみ法律事務所	岡山市北区中山下 1-11-15	新田第一ビル 2 階	086-230-0554
長谷川 正弘	弁護士法人南方法律事務所	岡山市北区南方 1-7-19		086-227-1650
畑佐 幸範	弁護士法人岡野法律事務所 岡山支店	岡山市北区磨屋町 2-5	安田岡山磨屋町ビル 4 階	086-201-1136
花岡 詩世		岡山市北区柳町 1-11-21	おかやま信用金庫	086-223-7129
馬場 幸三	弁護士法人太陽綜合法律事務所	岡山市北区本町 6-36	第一セントラルビル 2 階	086-224-8338
羽原 真二	羽原真二法律事務所	岡山市北区番町 1-7-26		086-221-6464
濱田 弘	あおば中央法律事務所	倉敷市阿知 3-3-1	大橋ビル 3 階	086-697-6616
林 俊夫	林俊夫法律事務所	岡山市北区南方 1-6-5	司法ビル 2 階	086-222-5001
林 知子	あおぞら法律事務所	岡山市北区富田町 2-13-12	コートサイドビル 3 階	086-226-4595
林 寛子	中村法律事務所	岡山市北区内山下 2-1-12	西村ビル 6 階	086-223-1751
葉山 裕士		備前市東片上 126	備前市役所	0869-64-1807
原 智紀	河村法律事務所	岡山市北区弓之町 10-20	テミス弓之町 3 階	086-221-4457
原 幸徳	あおば中央法律事務所	倉敷市阿知 3-3-1	大橋ビル 3 階	086-697-6616
原田 幸治	石井法律事務所	岡山市北区南方 3-8-41		086-233-1222
原田 隆	岡山あさひ法律事務所	岡山市北区富田町 2-4-16		086-224-2628
東 隆司	東法律事務所	岡山市北区弓之町 17-13	リヴラン弓之町 1 階	086-222-4113

氏名	事務所名	事務所住所		電話番号
土方 彬弘	吉備総合法律事務所	岡山市北区磨屋町 1-6	岡山磨屋町ビル4階	086-235-4168
土屋 宏	土屋宏法律事務所	倉敷市幸町 15-22		086-422-6455
土屋 裕道	土屋宏法律事務所	倉敷市幸町 15-22		086-422-6455
火矢 悦治	みどり法律事務所	岡山市北区南方 1-7-21	SUMIKAビル2階	086-234-0008
平井 昭夫	平井法律事務所	岡山市北区富田町 1-5-12	アシモ大奈ビル4階	086-225-6568
平井 浩平	平井法律事務所	岡山市北区富田町 1-5-12	アシモ大奈ビル4階	086-225-6568
平井 創介	平井法律事務所	岡山市北区富田町 1-5-12	アシモ大奈ビル4階	086-225-6568
平井 徳秀	平井徳秀法律事務所	岡山市北区富田町 2-13-12	コートサイドビル5階	086-238-6010
平松 掟	平松掟法律事務所	岡山市北区富田町 2-6-9		086-232-6622
平松 孝之	岡山中央法律事務所	岡山市北区中山下 1-9-1	山陽アルファ中山下ビル6階	086-212-2120
平松 敏男	平松・木津法律事務所	岡山市北区南方 1-8-17	ロイヤービル3階	086-225-7100
福間 互	岡山中央法律事務所	岡山市北区中山下 1-9-1	山陽アルファ中山下ビル6階	086-212-2120
藤井 藍沙	弁護士法人岡山パブリック法律事務所	岡山市北区春日町 5-6	岡山市勤労者福祉センター2階	086-231-1141
藤井 照正	大土法律事務所	岡山市北区南方 2-8-25	大三ビル4階	086-225-7082
藤井 秀孝	小林裕彦法律事務所	岡山市北区弓之町 2-15	弓之町シティセンタービル6階	086-225-0091
藤井 嘉子	弁護士法人岡山パブリック法律事務所	岡山市北区春日町 5-6	岡山市勤労者福祉センター2階	086-231-1141
藤岡 温	藤岡法律事務所	岡山市北区富田町 1-3-15	グランデール3階	086-226-8782
藤岡 香菜		岡山市北区幸町 2-8	株式会社ストライプインターナショナル	086-235-8216
藤川 智子	賀川法律事務所	岡山市北区野田屋町 1-7-17	旧千代田生命岡山ビル2階	086-234-8977
藤澤 恭行	みどり法律事務所	岡山市北区南方 1-7-21	SUMIKAビル2階	086-234-0008
藤浪 秀一	藤浪法律事務所	岡山市北区南方 1-4-3	アストロビル4階	086-224-0220
藤本 徹	藤本徹法律事務所	岡山市北区弓之町 15-10		086-226-4566
藤本 英臣	藤本英臣法律事務所	岡山市北区磨屋町 1-6	岡山磨屋町ビル8階	086-207-2233
藤原 健補	弁護士法人太陽綜合法律事務所	岡山市北区本町 6-36	第一セントラルビル2階	086-224-8338
藤原 由季子	弁護士法人菊池綜合法律事務所	岡山市北区南方 1-8-14		086-231-3535
藤原 洋一	藤原法律事務所	岡山市北区富田町 2-13-15	吉澤ビル2階	086-235-6523
舩越 啓孝	荒木法律事務所	岡山市北区番町 1-2-19		086-226-0335
宝利 陽子	大供法律事務所	岡山市北区大供 2-6-15		086-266-8661
細田 隆		岡山市北区番町 2-3-4	株式会社トマト銀行	086-221-1010

氏名	事務所名	事務所住所		電話番号
保津 大輔	保津法律事務所	倉敷市浜町 1-11-21		086-425-1689
松井 健二	大林・松井法律事務所	岡山市北区蕃山町 3-7	両備蕃山町ビル 4 階	086-221-0221
松岡 麻耶	財津総合法律事務所	岡山市北区出石町 1-2-11	イマージュシャトー 1 階	086-223-7780
松崎 直大	大土法律事務所	岡山市北区南方 2-8-25	大三ビル 4 階	086-225-7082
松島 幸三	松島法律事務所	岡山市北区弓之町 2-15	弓之町シティセンタービル 5 階 502	086-223-0050
松永 憲一郎	松永法律事務所	岡山市北区野田屋町 2-6-22	福中ビル第１３階	086-238-7422
松本 洋明	おかやま番町法律事務所	岡山市北区番町 1-5-5		086-224-1105
的場 真介	弁護士法人不二 的場真介法律事務所	岡山市北区富田町 1-6-10	東光第一ビル 501 号室	086-222-6423
丸野 匡史	丸野法律事務所	岡山市北区富田町 1-10-25	ボヌールスクエアコオV番館 101 号	086-201-2035
丸屋 祐太朗	小林裕彦法律事務所	岡山市北区弓之町 2-15	弓之町シティセンタービル 6 階	086-225-0091
丸山 洋平	小林裕彦法律事務所	岡山市北区弓之町 2-15	弓之町シティセンタービル 6 階	086-225-0091
三浦 巧	倉敷駅前法律事務所	倉敷市阿知 1-7-2	くらしきシティプラザ西ビル 6 階 610 号	086-425-2112
三木 悠希裕	ベリーベスト法律事務所岡山オフィス	岡山市北区中山下 1-9-40	新岡山ビル 7 階	086-235-9511
水岡 章	みずおか法律事務所	倉敷市田ノ上新町 14-7	リードビル 203 号室	086-441-7206
水落 卓司	岡山ふくろう法律事務所	岡山市北区富田町 2-8-2		086-226-3157
水田 美由紀	烏城総合法律事務所	岡山市北区富田町 2-13-12	コートサイドビル 4 階	086-234-3311
水谷 賢	弁護士法人岡山パブリック法律事務所 岡山大学内支所	岡山市北区津島中 3-1-1	岡山大学文化科学系総合研究棟 1 階	086-898-1123
溝手 はるか	弁護士法人岡山パブリック法律事務所 玉野支所	玉野市築港 1-17-5	サニーセブンビル 202	0863-33-6113
溝渕 順子	こうもと法律事務所	岡山市北区中山下 1-2-3	太陽生命岡山ビル 7F	086-206-3755
光成 卓明	光成法律事務所	岡山市北区富田町 1-3-15	グランデール 2 階	086-224-2809
南 和成	みなみ法律事務所	岡山市北区中山下 1-2-3	太陽生命岡山ビル 8 階	086-227-5510
南本 一志	森脇法律事務所	岡山市北区富田町 1-2-13	香楽ビル 3 階 4 階	086-226-1215
三村 重人	三村重人法律事務所	岡山市北区磨屋町 1-6	岡山磨屋町ビル 3 階	086-230-1505
三村 輝明	三村法律事務所	岡山市北区南方 2-12-11	山本屋ビル 3 階	086-201-1507
宮井 啓	弁護士法人菊池綜合法律事務所	岡山市北区南方 1-8-14		086-231-3535

氏名	事務所名	事務所住所		電話番号
三宅 京子		岡山市東区西大寺南 2-1-7	社会医療法人岡村一心堂病院	086-942-9900
三宅 翔	翔法律事務所	岡山市北区富田町 2-10-15	富士ビル 5 階	086-239-7747
三宅 克仁	三宅克仁法律事務所	岡山市北区南方 1-6-5	司法ビル 3 階	086-225-7726
宮﨑 聖	弁護士法人岡山テミス法律事務所	岡山市北区磨屋町 1-6	岡山磨屋町ビル 8 階	086-206-3650
宮﨑 隆博	弁護士法人後楽総合法律事務所	岡山市北区南方 1-4-14		086-226-1919
宮平 靖子	すずかけ法律事務所	岡山市北区富田町 2-12-13	片山ビル 2 階	086-206-3858
宮本 敦	きずな綜合法律事務所	岡山市北区南方 1-7-21	SUMIKA ビル南 1 階	086-231-0730
宮本 将和	おかやま番町法律事務所	岡山市北区番町 1-5-5		086-224-1105
宮本 美穂子	ひなぎく法律事務所	岡山市北区南方 1-7-13	リベルテ南方 2 階	086-230-0555
三好 英宏	みよし法律事務所	岡山市北区表町 1-6-56	オレンジビル 206 号	086-225-0601
村田 百合恵	弁護士法人岡野法律事務所岡山支店	岡山市北区磨屋町 2-5	安田岡山磨屋町ビル 4 階	086-201-1136
村山 晃康	児島綜合法律事務所	倉敷市児島駅前 1-46	倉敷ファッションセンター 2 階	086-486-1702
妻鹿 安希子	みどり法律事務所	岡山市北区南方 1-7-21	SUMIKA ビル 2 階	086-234-0008
森 智幸	岡山ひかり法律事務所	岡山市北区蕃山町 3-7	両備蕃山町ビル 8 階	086-223-1800
森岡 佑貴	弁護士法人岡山パブリック法律事務所岡山大学内支所	岡山市北区津島中 3-1-1	岡山大学文化科学系総合研究棟 1 階	086-898-1123
森川 雅弘	森川法律事務所	岡山市北区蕃山町 9-19	岡山大同生命ビル 5 階 01 号	086-224-9337
森下 裕貴	森下総合法律事務所	倉敷市新倉敷駅前 4-52-1	新倉敷駅前ビル 3F	086-436-6710
森安 武夫	森安武夫法律事務所	岡山市北区弓之町 2-9	弓之町ビル 6 階 608	086-222-3181
森脇 正	森脇法律事務所	岡山市北区富田町 1-2-13	香楽ビル 3 階 4 階	086-226-1215
八木 和明	賀川法律事務所	岡山市北区野田屋町 1-7-17	旧千代田生命岡山ビル 2 階	086-234-8977
薬師寺 隆史	薬師寺法律事務所	岡山市北区表町 1-3-1	表町 1 号ビル 3 階	086-224-8944
安田 寛	安田寛法律事務所	岡山市北区南方 1-2-24		086-226-0166
安田 祐介	みどり法律事務所	岡山市北区南方 1-7-21	SUMIKA ビル 2 階	086-234-0008
安原 照美	安原法律事務所	岡山市北区野田屋町 1-12-14	佐々木ビル 201	086-206-3485
山内 弘美	弁護士法人岡山テミス法律事務所	岡山市北区磨屋町 1-6	岡山磨屋町ビル 8 階	086-206-3650
山口 秀哉	すずかけ法律事務所	岡山市北区富田町 2-12-13	片山ビル 2 階	086-206-3858
山﨑 健一郎	芙蓉法律事務所	岡山市北区弓之町 3-21	宮木ビル 1 階	086-234-0780
山﨑 博幸	岡山あさひ法律事務所	岡山市北区富田町 2-4-16		086-224-2628

氏名	事務所名	事務所住所		電話番号
山下 綾	弁護士法人太陽綜合法律事務所	岡山市北区本町 6-36	第一セントラルビル 2 階	086-224-8338
山下 一盛	おかやま番町法律事務所	岡山市北区番町 1-5-5		086-231-1645
山下 宗一郎	おかやま丸の内法律事務所	岡山市北区表町 1-5-1	岡山シンフォニービル 1 階	086-238-2525
山下 貴司	おかやま番町法律事務所	岡山市北区番町 1-5-5		086-231-1645
山下 忠弘		都窪郡早島町前潟 360-1	早島町役場	086-482-0611
山下 成美		岡山市北区丸の内 1-15-20	株式会社中国銀行コンプライアンス部	050-5308-2391
山根 務	森脇法律事務所	岡山市北区富田町 1-2-13	香楽ビル 3 階 4 階	086-226-1215
山本 愛子	弁護士法人太陽綜合法律事務所	岡山市北区本町 6-36	第一セントラルビル 2 階	086-224-8338
山本 勝敏	山本勝敏法律事務所	岡山市北区弓之町 1-17	五藤ビル 4 階	086-234-1711
山本 賢昌	山本賢昌法律事務所	岡山市北区出石町 1-6-5	街角ふれあいビル 2 階	086-227-0851
山本 大地	弁護士法人西村綜合法律事務所岡山事務所	岡山市北区蕃山町 3-7	両備蕃山町ビル 501 号室	086-201-1816
山本 多美子	みどり法律事務所	岡山市北区南方 1-7-21	ＳＵＭＩＫＡビル 2 階	086-234-0008
山本 陽一	山本陽一法律事務所	倉敷市幸町 1-40	ナカヨシビルⅡ 2 階	086-435-3222
山本 諒平		岡山市北区津島中 1-1-1	国立大学法人岡山大学	086-251-7146
横田 勉	横田合同法律事務所	岡山市北区富田町 1-6-9		086-223-0971
横田 亮	横田合同法律事務所	岡山市北区富田町 1-6-9		086-223-0971
横野 崇司	横野崇司法律事務所	岡山市北区中山下 1-10-10	新田ビル 3 階	086-238-5320
横山 純子	みどり法律事務所	岡山市北区南方 1-7-21	ＳＵＭＩＫＡビル 2 階	086-234-0008
吉岡 康祐	弁護士法人岡山パブリック法律事務所 岡山大学内支所	岡山市北区津島中 3-1-1	岡山大学文化科学系総合研究棟 1 階	086-898-1123
吉沢 徹	のぞみ法律事務所	岡山市北区中山下 1-10-10	新田ビル 4 階	086-201-1934
吉野 夏己	吉野法律事務所	岡山市北区富田町 2-13-12	コートサイドビル 6 階	086-201-3441
吉村 清人	吉村法律事務所	津山市津山口 75-1		0868-31-0783
余傳 一郎	余傳法律事務所	岡山市北区富田町 1-7-14	サンヒルズビル 3 階	086-225-3220
余傳 悠司	余傳法律事務所	岡山市北区富田町 1-7-14	サンヒルズビル 3 階	086-225-3220
和田 朝治	和田・小田法律事務所	岡山市北区蕃山町 7-1-201		086-225-2064
渡辺 勝志	渡辺勝志法律事務所	岡山市北区蕃山町 2-17	おぐらビル 3 階	086-233-8883

岡山遺言・相続センタープロフィール

岡山弁護士会が、遺言・相続に関する問題についての適切な処理・解決を目的とし、平成22年11月に設立した組織です。無料電話相談、遺産整理手続、講演会、相談会などを実施しています。

無料電話相談　０８６－２３５－１１１５
（年末年始等を除く毎週水曜日。時間等詳細は岡山弁護士会のホームページ等でご確認ください）

【改訂版】遺言・相続Q & A

岡山の弁護士がお答えします！

2019年7月1日　初版発行

著　　者　岡山弁護士会岡山遺言・相続センター・編

発　　行　吉備人出版
　　　　　〒700-0823　岡山市北区丸の内2丁目11-22
　　　　　電話 086-235-3456　ファクス 086-234-3210
　　　　　ウェブサイト www.kibito.co.jp
　　　　　Eメール books@kibito.co.jp
　　　　　郵便振替 01250-9-14467

印　　刷　株式会社三門印刷所

製　　本　株式会社岡山みどり製本

ISBN978-4-86069-592-7　C0032